MANUAL DE JURISPRUDÊNCIA
DO TRIBUNAL SUPERIOR
DO TRABALHO

- **RESOLUÇÃO DO TST N. 121, DE 28.10.2003**
- **COMENTÁRIOS AOS ENUNCIADOS DO TST VIGENTES EM 28.10.2003**

O SEU GUIA DE ORIENTAÇÃO PESSOAL

Atualizado conforme a Resolução n. 121, de 28.10.2003, do TST,
Lei n. 10.406/2002 — Código Civil
— e Lei n. 9.957/2000 — Procedimento Sumaríssimo.

EMÍLIA SIMEÃO ALBINO SAKO

Mestra em Direito Negocial pela UEL — Universidade Estadual de Londrina. Especialista em Ciência Política e Desenvolvimento Estratégico pela UNOPAR — Universidade do Norte do Paraná. Diplomada pela Associação dos Diplomados da Escola Superior de Guerra pela participação no IX CEPE — Ciclo de Estudos de Política e Estratégia. Juíza do Trabalho da 9ª Região. Professora de Legislação Tributária, Trabalhista e Teoria Geral do Processo da UMP-IESB — Faculdade Metropolitana Londrinense. Professora de Pós-Graduação em Direito do Trabalho da UNOPAR — Universidade do Norte do Paraná.

MANUAL DE JURISPRUDÊNCIA DO TRIBUNAL SUPERIOR DO TRABALHO

- **RESOLUÇÃO DO TST N. 121, DE 28.10.2003**
- **COMENTÁRIOS AOS ENUNCIADOS DO TST VIGENTES EM 28.10.2003**

O SEU GUIA DE ORIENTAÇÃO PESSOAL

Atualizado conforme a Resolução n. 121, de 28.10.2003, do TST,
Lei n. 10.406/2002 — Código Civil
— e Lei n. 9.957/2000 — Procedimento Sumaríssimo.

EDITORA
LTr®
SÃO PAULO

Dados Internacionais de Catalogação na Publicação (CIP)
(Câmara Brasileira do Livro, SP, Brasil)

Sako, Emília Simeão Albino
　　Manual de jurisprudência do Tribunal Superior do Trabalho: resolução do TST n. 121, de 28.10.2003: comentários aos enunciados do TST vigentes em 28.10.2003: o seu guia de orientação pessoal/ Emília Simeão Albino Sako. — Ed. atual. conforme a resolução n. 121, de 28.10.2003, do TST. — São Paulo: LTr, 2004.

　　"Lei n. 10.406/2002 — Código civil — e Lei n. 9.957/2000 — Procedimento sumaríssimo"
　　ISBN 85-361-0554-2

　　1. Brasil. Tribunal Superior do Trabalho — Jurisprudência I. Título.

04-2488　　　　　　　　　　　　CDU-347.998:331(81)(094.9)

Índices para catálogo sistemático:

1. Brasil: Tribunal Superior do Trabalho: Enunciados: Direito 347.998:331(81)(094.9)
2. Brasil: Tribunal Superior do Trabalho: Jurisprudência 347.998:331(81)(094.9)
3. Jurisprudência: Tribunal Superior do Trabalho: Brasil: Direito 347.998:331(81)(094.9)

(Cód. 2866.8)

© Todos os direitos reservados

EDITORA LTDA.

Rua Apa, 165 — CEP 01201-904 — Fone (11) 3826-2788 — Fax (11) 3826-9180
São Paulo, SP — Brasil — www.ltr.com.br

Junho, 2004

SUMÁRIO

Abreviaturas 7
1. Considerações Iniciais 9
2. Resolução n. 121, de 28.10.2003, do TST 13
3. Comentários aos Enunciados do TST Vigentes em 28.10.2003 15
4. Considerações Finais 157
5. Bibliografia Consultada 161
6. Índice Alfabético Remissivo 165

ABREVIATURAS

CF/1988 — Constituição Federal de 1988
CLT — Consolidação das Leis do Trabalho
CPC — Código de Processo Civil
CC — Código Civil
STF — Supremo Tribunal Federal
STJ — Superior Tribunal de Justiça
TST — Tribunal Superior do Trabalho
TRT — Tribunal Regional do Trabalho
TRF — Tribunal Regional Federal
OJ — Orientações Jurisprudenciais

1. CONSIDERAÇÕES INICIAIS

Súmulas de jurisprudência dos Tribunais Superiores são interpretações do direito positivo aplicáveis aos casos concretos. Os Enunciados e as Orientações Jurisprudenciais do TST, as Orientações Jurisprudenciais dos TRT's, algumas Súmulas do STF, dos TRT's, dos TRF's, do STJ etc., em matéria trabalhista, são resultado de reiteradas decisões dos tribunais sobre determinado assunto não regulado pelo direito do trabalho ou regulado de forma incompleta ou deficiente. A matéria jurídica é sumulada quando reiteradamente é interpretada da mesma maneira pelos Tribunais Superiores.

As Súmulas de Jurisprudência dos tribunais superiores não se equiparam às leis no que diz respeito aos aspectos formais e materiais, e não vinculam as demais instâncias do judiciário, tampouco, são incontestáveis e indiscutíveis. Os juízes do mesmo Tribunal que adotou a Súmula ou o Enunciado de outro Tribunal, de mesmo grau de jurisdição ou de graus diferentes, têm liberdade para adotar ou não a Jurisprudência sumulada, pois as Súmulas de Jurisprudência dos Tribunais não têm efeito vinculante. Ao editar uma Súmula de Jurisprudência, os Tribunais Superiores buscam obter o consenso sobre determinada matéria controvertida no meio jurídico, imprimir novos equacionamentos aos conflitos, tornar mais céleres as soluções, e mais ágil, eficaz e dinâmico o processo. São linhas diretrizes gerais que orientam os julgamentos, imprimem um dinamismo natural ao direito e ao processo judicial, para que possam acompanhar a velocidade das transformações sociais, mantendo-se sempre atuais.

Os conflitos sociais ganharam nova dimensão. A humanidade está na terceira geração dos direitos. Ao lado dos direitos civis e políticos — primeira geração —, dos direitos sociais, econômicos e culturais — segunda geração —, emergem os direitos centrados no homem, sob o prisma da solidariedade, assim designados os direitos ao desenvolvimento, ao patrimônio comum da humanidade e ao meio ambiente — terceira geração. Os novos direitos, os avanços tecnológicos, a globalização etc., exigem do judiciário interpretações modernas, avançadas, arrojadas e criativas. Questões importantes, como a dignidade humana, a redução das desigualdades sociais, a erradicação da miséria e da marginalização, a defesa do meio ambiente etc., rompem padrões e modelos tradicionais, e têm merecido do judiciário um tratamento diferenciado, interpretações modernas e avançadas. O judiciário deve estar atento às mudanças de pensamento e de comportamento, não podendo manter-se inerte às transformações que ocorrem no mundo, sob pena de perder parcelas de poder, ficar desacreditado pela sociedade e ser substituído por outras formas de solução de conflitos. Os juízes não devem ter medo de se expor; não podem recuar ao invés de avançar, pois isso permitirá o império paralelo da corrupção, do medo, da opressão e do caos. O "Poder" judiciário tem de encontrar fórmulas para deixar de ser menos moroso e pesado, para ser mais ágil e destemido. Tem de investir na capacitação técnica e intelectual de seus juízes, para que abandonem o antigo hábito comodista de apego puro e simples à letra da lei. Devem abrir os olhos para enxergar as mazelas e os dramas que afligem a sociedade, para sentir seus problemas, que se importem com o destino da humanidade, com a dramaticidade do ser humano e outras questões igualmente relevantes.

Piero Calamandrei cita o caso de um magistrado aposentado que percorreu com honras todas as instâncias da magistratura. Esse magistrado, após muito refletir sobre a atuação do juiz no processo, constatou que o maior perigo para o juiz não é a corrupção ou as interferências políticas de outros "poderes"; o verdadeiro perigo não vem de fora, vem de dentro do próprio magistrado. trata-se de um lento esgotamento da consciência, que a torna resignada e conformada; "[...] é uma crescente preguiça moral, que à solução justa prefere cada vez mais acomodadora, porque não perturba o sossego e porque a intransigência requer demasiada energia".[1] Prossegue o magistrado dizendo que "[...] na minha longa carreira, nunca me encontrei face a face com juízes corruptos, mas conheci muitos juízes indolentes, carentes de vontade, prontos a se deter na superfície, para fugir do duro trabalho de escavação, que quem deseja descobrir a verdade tem que enfrentar". Ressalta que, à primeira vista, isso poderia ser justificado em razão da excessiva quantidade de trabalho que recai sobre certos magistrados; não é isso. Diz ter conhecido alguns juízes — os melhores —, que apesar de sobrecarregados conseguiam, perdendo horas de sono, estudar com diligência todas as causas a eles confiadas e expô-las no tribunal sem esquecer a vírgula de um documento. Alertou que a preguiça é uma doença mental que leva o homem a instalar-se no hábito, entorpece a curiosidade e a crítica e propicia a esclerose da sensibilidade. A pior desgraça que pode ocor-

---

(1) CALAMANDREI, P. *Eles, os juízes*. São Paulo: Martins Fontes, 1997, pp. 277-8.

rer a um juiz, segundo o magistrado, seria pegar aquela terrível doença que se chama conformismo.[2]

A vida moderna exige a realização de muitas tarefas ao mesmo tempo. Os juízes, além da sobrecarga de trabalho, têm de conciliar o trabalho com sua vida particular; o tempo passa mais rápido para o magistrado, pois tem de dividir o seu tempo entre o trabalho, de extrema responsabilidade e que exige dedicação, com a família, os negócios etc., e com isso acaba ficando relegado a um segundo, terceiro ou quarto plano sua formação intelectual. Parado no tempo, não consegue perceber os avanços que se operam em todos os quadrantes da vida, e continua a decidir na mesma forma que o fazia quando ingressou na magistratura, há dez ou vinte anos, ou então, passa a adotar, como entendimento seu, as orientações sumuladas pelos tribunais superiores — Enunciados, Orientações Jurisprudenciais etc. — sem se preocupar se são ou não adequadas ao caso particular, sem questionar se têm fins ideológicos ou políticos, ou se foram concebidas para acobertar privilégios de uma determinada classe, ou das classes dominantes, para regular a economia etc. Como alertou Calamandrei, a sobrecarga de trabalho não é motivo para a falta de tempo; trata-se, na verdade, de uma doença mental, chamada "preguiça", que leva inúmeros juízes a se instalar no hábito, no conformismo, ficando com seu senso crítico entorpecido, perdendo a motivação e a curiosidade, principalmente pelos assuntos jurídicos. A sobrecarga de trabalho não é desculpa para que isso ocorra, pois quando o juiz ingressa na magistratura já sabe como será sua vida daquele momento em diante, das dificuldades que irá encontrar pelo caminho. A magistratura tem de ser um ideal de vida, e não um meio para se obter melhores condições de vida. Os juízes não podem negligenciar os estudos, a pesquisa, a busca pelo conhecimento, pois o conhecimento é matéria-prima de seu trabalho, e dele depende a sobrevivência do judiciário, da democracia e do direito. As transformações sociais vivenciadas nas últimas décadas exigem mudanças de mentalidade, principalmente dos juízes, para que possam cumprir o poder político que lhes foi outorgado pela Constituição. Não só os direitos humanos universalmente proclamados merecem proteção, mas também os direitos transindividuais que ultrapassam os limites da individualidade, e os transmundiais, que vão além das fronteiras nacionais. O judiciário é um "Poder" político dotado de meios para que possa cumprir as atribuições delegadas pelo Estado e pelo sistema jurídico. Tem poder para impedir abusos e ilegali-

---

(2) *Idem, ibidem*, p. 279.

dades, ainda que veiculados por lei.[3] A independência funcional dos juízes assegura-lhes a necessária liberdade para aplicar a lei, e a partir dela, chegar à realidade social, nela imprimindo transformações. A função institucional do judiciário é a guarda da Constituição e dos valores mais significativos da Nação. A Constituição e seus princípios estruturais são as maiores garantias da sociedade, sempre terão prevalência sobre as demais fontes do direito, porque representam a vontade soberana do povo expressa pelo poder originário. Na nova ordem social, o juiz deixa de ser apenas juiz da ordem interna para se integrar na ordem comunitária, passando a interpretar e aplicar normas internas e externas. Todavia, não está preparado para decidir sobre questões de soberania e interesses comuns da humanidade, e outras questões que exigem preparação especializada[4] e visão multidisciplinar. Os acontecimentos ocorridos nas duas ou três últimas décadas do século XX exigem juízes mais presentes, preparados e visíveis, um judiciário atuante, dinâmico, atualizado, ágil, confiável, afirmativo, suscetível às transformações sociais. O "Poder" Judiciário, especialmente os Tribunais Superiores, tem de impor e determinar o respeito aos direitos fundamentais do homem expressos e consagrados na Constituição e nas normas supranacionais. O amplo campo de atuação e criatividade concedido aos juízes possibilitam a realização dos direitos fundamentais e sociais, pois são o oposto do juiz idealizado por *Montesquieu*, concebido como ser inanimado, incapaz de amenizar os rigores da lei. O juiz, hoje, deve afastar-se dessa figura e aproximar-se do modelo concebido por *Aristóteles*: juiz como justiça animada, orientada pelos ideais democráticos.[5]

---

(3) SILVEIRA, P. F. *Freios & contrapesos: checks and balances.* Belo Horizonte: Del Rey, 1999.
(4) TEIXEIRA, S. F. "A formação do juiz contemporâneo". In *Revista Cidadania e Justiça*, ano 2, n. 4, 1998, p. 98.
(5) GOMES, S. A. *Hermenêutica jurídica e constituição no Estado de direito democrático.* Rio de Janeiro: Forense, 2001.

2. RESOLUÇÃO N. 121, DE 28 DE OUTUBRO DE 2003, DO TST

O Superior Tribunal do Trabalho, por meio da Resolução n. 121, de 28 de outubro de 2003 — DJ 19.11.2003, republicado no DJ 25.11.2003, RESTAUROU o Enunciado n. 17, CANCELOU os Enunciados ns. 2, 3, 4, 5, 11, 26, 34, 35, 38, 40, 41, 42, 49, 56, 59, 64, 66, 75, 76, 78, 79, 94, 95, 103, 104, 105, 115, 121, 123, 130,k 131, 133, 134, 137, 141, 142, 144, 145, 147, 150, 151, 154, 167, 169, 174, 175, 177, 179, 180, 181, 183, 185, 195, 196, 205, 210, 223, 224, 227, 231, 233, 234, 235, 236, 237, 238, 249, 250, 252, 255, 256, 260, 267, 271, 272, 273, 280, 281, 284, 290, 302, 306, 335 e 359, REVISOU os Enunciados ns. 14, 16, 28, 32, 69, 72, 73, 82, 83, 84, 85, 115, 122, 128, 146, 159, 164, 171, 176, 186, 189, 191, 192, 204, 206, 214, 221, 228, 229, 244, 253, 258, 261, 263, 268, 274, 275, 287, 295, 297, 303, 327, 337, 338, 340 e 353, 362, e 363, MANTEVE os Enunciados ns. 1, 6, 7, 8, 9, 10, 12, 13, 15, 18, 19, 22, 23, 24, 25, 27, 29, 30, 33, 36, 39, 43, 44, 45, 46, 47, 48, 50, 51, 52, 53, 54, 55, 58, 60, 61, 62, 63, 65, 67, 68, 70, 71, 74, 77, 80, 81, 86, 87, 89, 90, 91, 92, 93, 96, 97, 98, 99, 100, 101, 102, 106, 109, 110, 111, 112, 113, 114, 117, 118, 119, 120, 124, 125, 126, 127, 129, 132, 135, 136, 138, 139, 140, 143, 148, 149, 152, 153, 155, 156, 157, 158, 160, 161, 163, 166, 170, 172, 173, 178, 182, 184, 187, 188, 190, 194, 194, 197, 199, 200, 201, 202, 203, 207, 211, 212, 217, 218, 219, 225, 226, 230, 232, 239, 240, 241, 242, 243, 245, 246, 247, 248, 254, 257, 259, 262, 264, 265, 266, 269, 276, 277, 278, 279, 282, 283, 285, 286, 288, 289, 291, 293, 294, 296, 298, 299, 300, 301, 204, 305, 307, 308, 309, 311, 312, 313, 314, 315, 318, 319, 320, 321, 322, 324, 325, 326, 328, 329, 330, 331, 332, 333, 336, 339, 341, 342, 343, 344, 345, 346, 347, 348, 349, 350, 351, 354, 355, 356, 357, 358, 360 e 361, e DECLAROU que permanecem cancelados os Enunciados ns. 20, 21, 31, 37, 57, 88, 107, 108, 162, 165, 168, 193, 198, 208, 209, 213, 215, 216, 220, 222, 251, 270, 310, 316, 317, 323, 334 e 352.

3. COMENTÁRIOS AOS ENUNCIADOS DO TST VIGENTES EM 28.10.2003

1. PRAZO JUDICIAL. Quando a intimação tiver lugar na sexta-feira, ou a publicação com efeito de intimação for feita nesse dia, o prazo judicial será contado da segunda-feira imediata, inclusive, salvo se não houver expediente, caso em que fluirá no dia útil que a seguir.

COMENTÁRIO. Na Justiça do Trabalho, os prazos são contados a partir da data da intimação ou notificação (CLT, art. 774). Seguindo a mesma regra do CPC, computar-se-ão os prazos excluindo o dia do começo e incluindo-se o dia do vencimento e só começam a correr do primeiro dia útil após a intimação (CPC, art. 184, *caput* e § 2º e CLT, art. 775). O Enunciado n. 1 do TST esclarece que quando a intimação é feita na sexta-feira, o prazo conta-se da segunda-feira imediata. Não há expediente na Justiça do Trabalho aos sábados, o que impede o início de fluência dos prazos judiciais no dia imediato à intimação ou notificação, quando feitas na sexta-feira. Os prazos processuais são contínuos e ininterruptos, mas podem ser prorrogados pelo juiz quando isso lhe parecer conveniente e oportuno, ou em caso de força maior comprovada (CLT, art. 775). Os prazos peremptórios, como são os prazos de recurso, são improrrogáveis.

No período de recesso da Justiça do Trabalho, que vai de 20 de dezembro a 6 de janeiro, os prazos ficam suspensos, não se iniciam e também não vencem (TST, SDI OJ n. 209). Nos termos da Lei n. 5.010/1962, esse período é considerado feriado, aplicando-se, com relação aos prazos em curso, a regra do art. 178 do CPC.

6. QUADRO DE CARREIRA. Para os fins previstos no § 2º do art. 461 da CLT, só é válido o quadro de pessoal organizado em carreira quando homologado pelo Ministério do Trabalho, excluindo-se apenas dessa exigência o quadro de carreira das entidades de direito público da administração direta, autárquica e fundacional, aprovado por ato administrativo da autoridade competente.

COMENTÁRIO. O TST entende que só é válido o quadro de pessoal organizado em carreira quando homologado pelo Ministério do Trabalho, excluindo dessa exigência o quadro de carreira das Entidades de Direito

Público da Administração Direta, Autárquica e Fundacional, aprovado por ato administrativo da autoridade competente. O Enunciado n. 231, cancelado pela Res. n. 121, de 28.10.2003, do TST, declarava que o Conselho Nacional de Política Salarial podia homologar quadro de carreira. O Decreto n. 12/66 autoriza o Ministério do Transporte a homologar quadro de carreira da Rede Ferroviária Federal.

O quadro de carreira, regularmente instituído, assegura aos empregados critérios objetivos de promoção alternada, ora por merecimento, ora por antigüidade. As promoções decorrem de normas previamente criadas pelo empregador, e o reenquadramento pelo judiciário, em sentido contrário às normas de Plano de Cargos e Salários, traduz injustificável interferência no poder de comando empresarial, assegurado pelo art. 2º da CLT. A reestruturação de cargos e salários, o reenquadramento profissional, as mudanças de local de trabalho, de horário etc. são impostas pelos avanços tecnológicos, que imprimem um dinamismo natural e estrutural ao contrato de trabalho. A experiência demonstra a necessidade de renovação e inovação das condições de trabalho, que se modificam, se aperfeiçoam e se transformam em busca de maior eficiência e atingimento de metas. O empregador pode implantar modificações no contrato de trabalho de seus empregados, alterar as condições inicialmente ajustadas, mas desde que não sejam prejudiciais ao trabalhador, não impliquem violação aos bons costumes, à moral e à dignidade do empregado. As modificações inserem-se nos contornos próprios do poder diretivo patronal, decorrem do *jus variandi* do empregador, porém devem se assentar em bases razoáveis.

A existência de quadro de pessoal organizado em carreira, com a observância dos requisitos exigidos, impede a equiparação salarial (CLT, art. 461, § 2º).

7. FÉRIAS. A indenização pelo não deferimento das férias no tempo oportuno será calculada com base na remuneração devida ao empregado na época da reclamação ou, se for o caso, na da extinção do contrato.

COMENTÁRIO. A cada ano de vigência do contrato de trabalho adquire o trabalhador o direito a férias de trinta dias, salvo na modalidade do regime de tempo parcial, quando obedecerá a proporcionalidade (CLT, art. 130-A). Os períodos de férias visam à recuperação das energias do empregado, em razão do grande desgaste sofrido pelo organismo, pelo trabalho contínuo após certo espaço de tempo. Para concessão das férias, deve o empregador comunicar o empregado, por escrito, com antecedência mínima de trinta dias (CLT, art. 135). Se as férias forem concedidas após o prazo previsto no art. 134, o empregador deve pagar em dobro a respectiva remuneração (CLT, art. 137).

O art. 477 da CLT assegura ao empregado dispensado o direito de haver do seu empregador uma indenização calculada com base na maior remuneração que tenha percebido na empresa. A indenização prevista no art. 477 da CLT refere-se ao pagamento das verbas rescisórias. Entre as verbas rescisórias incluem-se as férias proporcionais e as vencidas não gozadas pelo empregado. Se o empregador deixa de conceder férias ao empregado no momento oportuno, o salário base de cálculo das férias não concedidas deve ser a maior remuneração paga ao empregado na vigência do contrato. Todavia, o TST entende que será calculada com base na remuneração devida na época da reclamação ou, se for o caso, na da extinção do contrato.

8. JUNTADA DE DOCUMENTO. A juntada de documentos na fase recursal só se justifica quando provado o justo impedimento para sua oportuna apresentação ou se referir a fato posterior à sentença.

COMENTÁRIO. O art. 787 da CLT diz que a reclamação deve vir acompanhada dos documentos em que se fundar. O art. 845, também da CLT, prevê que na audiência se apresentarão as testemunhas e as demais provas. Se as partes não observam o disposto nestes artigos e deixam de juntar os documentos nos momentos próprios, ocorre a preclusão. Porém, a preclusão é instituto processual que diz respeito aos atos das partes, não se aplicando ao juízo. O juiz pode determinar a juntada de documentos após os momentos previstos em lei, se entender conveniente. Pode conceder novo prazo à parte para que faça a juntada posterior, salvo se demonstrado malícia ou abuso de direito, ou quando a juntada prejudicar o curso normal do procedimento. Enquanto a instrução processual não está encerrada, pode o juiz autorizar a juntada de outros documentos, sempre que o motivo alegado para a não juntada no momento oportuno mostrar-se relevante e justificado. As novas vertentes do processo defendem seu caráter instrumental, concebido como instrumento destinado a atingir determinados fins, afastando-se do modelo extremamente formal exigido pela lei para a prática dos atos processuais. A regra dos arts. 787 e 845 da CLT não é absoluta, e a juntada de documentos que venham a elucidar questões relevantes da lide, propiciando o melhor esclarecimento dos fatos, fora dos momentos próprios, pode ser autorizada pelo juiz no curso do procedimento (CLT, art. 765), porém sempre e em qualquer hipótese, antes do encerramento da instrução processual. Os documentos podem ser juntados até o encerramento da instrução, antes de proferida a sentença, salvo se, segundo o entendimento do TST, restar provado justo impedimento para a não juntada, ou se se referir a fato posterior à sentença. A vedação de juntada de documentos na fase recursal justifica-se de maneira lógica. Com a publicação da sentença, o juiz de primeiro grau faz a entrega da prestação jurisdicional, encerra seu ofício, não podendo alterar a sentença, salvo nos casos de omissão, obscuridade ou contradição, por meio dos embargos de declaração (CP, art. 535). O juiz de primeiro grau não pode rever a prova dos autos para modificar o resultado do julgamento, para imprimir reforma na decisão proferida.

9. AUSÊNCIA DO RECLAMANTE. A ausência do reclamante, quando adiada a instrução após contestada a ação em audiência, não importa arquivamento do processo.

COMENTÁRIO. O arquivamento da reclamação trabalhista somente é possível quando o reclamante deixa de comparecer à primeira audiência, segundo dicção do art. 844 da CLT. Se a audiência é fracionada e a ação contestada, e na audiência de prosseguimento o empregado deixa, injustificadamente, de comparecer, aplica-se-lhe a pena de confissão quanto a matéria de fato.

10. PROFESSOR. É assegurado aos professores o pagamento dos salários no período de férias escolares. Se despedido sem justa causa ao terminar o ano letivo ou no curso dessas férias, faz jus aos referidos salários.

COMENTÁRIO. O professor habilitado não se equipara ao trabalhador comum e a ele aplicam-se as regras especiais contidas nos arts. 317 a 323 da CLT. Tem direito aos RSR's calculados com base na sexta parte da hora aula, para cada aula efetivamente ministrada (TST, Enunciado n. 351). Excedida a jornada máxima (CLT, art. 318), as horas excedentes devem ser remuneradas com adicional de, no mínimo, 50% (CF/1988, art. 7º, XVI), não pode ter a remuneração e a carga horária reduzidas fora das hipóteses excepcionadas em normas coletivas de trabalho. Faz jus também ao pagamento dos salários no período de férias escolares e, se despedido ao final do ano letivo, deve receber os salários até o término do período de férias.

12. CARTEIRA PROFISSIONAL. As anotações apostas pelo empregador na carteira profissional do empregado não geram presunção *et de jure*, mas apenas *juris tantum*.

COMENTÁRIO. Estabelece o art. 13 da CLT que é obrigatória a Carteira de Trabalho e Previdência Social para o exercício de qualquer emprego, seja de que natureza for. O art. 29 do mesmo diploma legal diz que o empregador, obrigatoriamente, deve lançar anotações diversas nesse documento. Dispõe ainda o art. 40 da CLT que as Carteiras de Trabalho e Previdência Social regularmente emitidas e anotadas servirão de prova nos processos em que sejam exigidas carteiras de identidade, e servem, especialmente, para prova de salário, férias ou tempo de serviço, quando em litígio empregado e empregador.

O empregador, nos limites de sua autoridade e no exercício desta, deve agir com lealdade e correção ao anotar a CTPS de seu empregado. Da mesma maneira que se presumem verdadeiras as anotações lançadas na CTPS, a falta de anotação pelo empregador pode estabelecer, ao contrário, presunção favorável ao tempo de serviço alegado pelo empregado. As anotações lançadas na Carteira de Trabalho do empregado têm presunção de veracidade *juris tantum*, sendo do empregador o ônus de provar que houve erro nas anotações a fim de elidir a presunção de verdade delas emanadas. Ainda que o empregado não possua CTPS, se o empregador permite a prestação de serviços, não pode, no futuro, invocar esse fato para eximir-se de responsabilidades pela falta de anotação, pois o empregado não pode sequer ser admitido sem a CTPS.

A Lei n. 10.270, de 28.8.2001, vedou anotações desabonadoras na CTPS do empregado, impondo cominação de multa àquele que não observar essa regra.

13. MORA. O só pagamento dos salários atrasados em audiência não elide a mora capaz de determinar a rescisão do contrato de trabalho.

COMENTÁRIO. Os contratos de trabalho têm natureza sinalagmática que se traduz em direitos e obrigações recíprocas. A inexecução faltosa do empregador no tocante ao pagamento dos direitos trabalhistas mínimos autoriza a resolução do contrato com justa causa pelo empregado, por inadimplemento das obrigações contratuais. O art. 483, *d*, da CLT, autoriza o empregado a considerar rescindido o contrato de trabalho e a pleitear a respectiva indenização quando descumprir o empregador as obrigações contratuais. Dentre as faltas que autorizam a rescisão indireta do contrato, a mora salarial é a mais grave. A mora salarial importa em grave violação do contrato de trabalho, pois deixa ao desamparo não só o trabalhador como também sua família, que depende do salário que o trabalho proporciona para sua sobrevivência. A ausência de pagamento de salários justifica o pedido de rescisão indireta do contrato de trabalho, com base na letra *d* do art. 483, da CLT, ainda que o empregador pague os salários atrasados em audiência.

14. CULPA RECÍPROCA (nova redação). Reconhecida a culpa recíproca na rescisão do contrato de trabalho (art. 484 da CLT), o empregado tem direito a 50% do valor do aviso prévio, do décimo terceiro salário e das férias proporcionais.

COMENTÁRIO. O contrato de trabalho deve ser executado de boa-fé. As partes do contrato têm o dever recíproco de colaboração. O empregado deve prestar o trabalho contratado com exatidão, diligência, obediência e fidelidade, e o empregador deve dar trabalho e possibilitar sua execução normal, pagar os salários ajustados, prestar assistência e indenizar o empregado nas hipóteses previstas em lei, no contrato ou em ajustes expressa ou tacitamente convencionados, bem como respeitá-lo moral e dignamente como pessoa humana. Exatidão, no dizer de *Délio Maranhão*, "É uma aplicação do princípio geral da boa-fé na execução dos contratos. O dever de diligência importa ao empregado na obrigação de dar, na prestação do trabalho, aquele rendimento qualitativo e quantitativo que o empregador pode legitimamente esperar. À diligência do empregado deve ser considerada tendo em vista a natureza da obrigação, as condições pessoais do trabalhador e as circunstâncias de tempo e lugar". O dever de fidelidade decorre do caráter fiduciário da relação e "traduz-se num sentido de lealdade do empregado, não só em relação à pessoa do empregador, mas ao próprio empreendimento em que colabora, à casa onde trabalha"[6]. *De Page*, citado pelo mesmo autor, na mesma obra, afirma que cada contratante "é obrigado pelo fato mesmo do contrato a levar ao seu co-contratante toda ajuda necessária para assegurar a execução de boa-fé do contrato. A solidariedade estabelecida, em vista da utilidade social, pelo vínculo contratual, proíbe, a cada uma das partes, de se desinteressar pela outra. Ambas se devem, mútua e lealmente, fornecer todo o apoio necessário para conduzir o contrato a bom termo. À diligência, obediência e fidelidade do empregado é preciso que corresponda a compreensão do empregador de que seu "colaborador" é uma criatura humana, "dotada de cérebro e coração", que, como tal, deve ser tratado, e não como máquina".[7]

---

(6) SÜSSEKIND, A. et. al. *Instituições de direito do trabalho*. Vol. I. 16ª ed. São Paulo: LTr, 1996, p. 255.
(7) *Idem, ibidem*, p. 255.

Se as partes contratantes — empregado e empregador —, deixam de observar o princípio da boa-fé que rege os contratos de trabalho, a rescisão contratual é motivada por culpa recíproca. Dispõe o art. 484 da CLT que "Havendo culpa recíproca no ato que determinou a rescisão do contrato, o tribunal de trabalho reduzirá a indenização a que seria devida em caso de culpa exclusiva do empregador, por metade". Em caso de culpa recíproca, o empregado faz jus ao percentual de 50% do valor do aviso prévio, do décimo terceiro salário e das férias proporcionais. Seguindo o mesmo entendimento, fica assegurado também ao empregado 50% do valor das férias vencidas e não gozadas, 20% da multa do FGTS (Lei n. 8.036/1990, art. 18, § 2º), o levantamento dos depósitos existentes em sua conta vinculada de FGTS (Lei n. 8.036/1990, art. 20), e o direito às guias do seguro-desemprego, embora a lei n. 7.998/1990 não contemple tal hipótese.

15. ATESTADO MÉDICO. A justificação da ausência do empregado motivada por doença, para percepção do salário-enfermidade e da remuneração do repouso semanal, deve observar a ordem preferencial dos atestados médicos estabelecida em lei.

COMENTÁRIO. As faltas justificadas ao serviço, por lei, regulamento, contrato ou norma coletiva de trabalho, não prejudicam a remuneração e os demais direitos trabalhistas do empregado, pois as faltas justificadas apenas interrompem o contrato de trabalho. O atestado médico apto a justificar as faltas ao trabalho deve obedecer a ordem preferencial prevista em lei. Em primeiro lugar, o atestado deve ser fornecido pelo médico credenciado pela empresa, em sua falta pelo médico da entidade de assistência médica conveniada pelo empregado, e na falta de ambos pelo médico do INSS (Lei n. 8.213/91, art. 59, § 4º).

16. NOTIFICAÇÃO (nova redação). Presume-se recebida a notificação 48h00 depois de sua postagem. O seu não-recebimento ou a não-entrega após o decurso desse prazo constitui ônus de prova do destinatário.

COMENTÁRIO. No processo do trabalho, tanto a intimação como a notificação para a audiência inicial não são pessoais. O art. 841, § 1º da CLT, autoriza que a notificação seja efetuada por via postal. O legislador atribuiu mais valia ao critério do estabelecimento em detrimento ao da pessoalidade.

A notificação da audiência é feita em registro postal com franquia, conforme determina o art. 841, § 1º da CLT.

17. ADICIONAL DE INSALUBRIDADE (restaurado). O adicional de insalubridade devido ao empregado que, por força de lei, convenção coletiva ou sentença normativa percebe salário profissional, será sobre este calculado.

COMENTÁRIO. O TST restaurou o Enunciado n. 17, reafirmando o entendimento anterior de que o adicional de insalubridade deve ser calculado sobre o salário profissional. Mas se o empregado não recebe salário profissional, qual deve ser a base de cálculo do adicional de insalubridade? Nesse caso, o TST manda adotar o salário mínimo (Enunciado n. 228). A posição defendida pelo TST ao adotar parâmetros de cálculo diferentes para o mesmo direito, não se mostra razoável. O adicional de insalubridade não pode ter como base de cálculo o salário mínimo. O STF, em recentes decisões, vem entendendo que a vinculação ao salário mínimo contraria o disposto no art. 7º da Constituição Federal, que impede a aplicação do salário mínimo como parâmetro indexador de reajustes de obrigações. Até que o legislador modifique a legislação para fixar um percentual único, a exemplo do adicional de periculosidade, para que não haja prejuízos a nenhuma categoria ou classe de trabalhadores, a melhor solução é adotar como parâmetro de cálculo o salário profissional para os trabalhadores que recebem salário profissional; para os que recebem salário superior ao mínimo, sobre este salário, adotando-se o salário mínimo como base de cálculo apenas para os trabalhadores que recebem salário mínimo. A insalubridade prejudica a saúde do trabalhador e o meio de impor observância às normas de segurança e medicina do trabalho é fixar percentuais de insalubridade em graus elevados. É de se observar que os avanços tecnológicos em nada contribuíram para melhorar as condições de higiene e saúde do ambiente de trabalho. Os empregadores, no mais das vezes, preferem pagar o adicional de insalubridade, que se mostra irrisório, do que imprimir mudanças nos locais de trabalho para eliminar e/ou reduzir a ação dos agentes insalubres.

18. COMPENSAÇÃO. A compensação, na Justiça do Trabalho, está restrita a dívidas de natureza trabalhista.

COMENTÁRIO. A compensação do crédito trabalhista com os valores pagos durante o contrato só é possível entre parcelas de idêntica natureza, verificáveis 'título a título'. Os empréstimos concedidos ao empregado não podem ser deduzidos do seu salário, sob pena de ofensa ao princípio da intangibilidade salarial. Se o empregador empresta determinada quantia ao empregado, não poderá cobrá-la por meio de retenção do salário, devendo buscar outros meios para receber a dívida. O sistema de *truck system*, conhecida forma de sonegação de salário, também não é admitido pelo direito. O empregado trabalha mas não recebe salário, que fica retido para pagamento de mercadorias adquiridas em estabelecimentos do empregador. O trabalho se converte em mercadoria e é objeto de troca por gêneros alimentícios ou de uso pessoal. Tal prática não é tolerada pelo direito, e a compensação ou a dedução, nesse caso, não é possível.

19. QUADRO DE CARREIRA. A Justiça do Trabalho é competente para apreciar reclamação de empregado que tenha por objeto direito fundado em quadro de carreira.

COMENTÁRIO. A Justiça do Trabalho é competente para julgar demandas envolvendo discussão sobre quadro de carreira quando tiver origem na relação de emprego, como causa ou efeito. O art. 114 da Constituição Federal definiu a competência da Justiça do Trabalho para dirimir litígios entre empregados e empregadores, e também para o julgamento de outras controvérsias decorrentes da relação de trabalho. A discussão sobre a competência da Justiça do Trabalho para a apreciação e o julgamento de pedidos fundados em quadro de carreira está superada. Sempre que a discussão decorrer do contrato de trabalho e da condição de empregado e empregador dos litigantes, a competência é da Justiça do Trabalho.

22. EQUIPARAÇÃO SALARIAL. É desnecessário que, ao tempo da reclamação sobre equiparação salarial, reclamante e paradigma estejam a serviço do estabelecimento, desde que o pedido se relacione com situação pretérita.

COMENTÁRIO. O art. 461 da CLT diz que para trabalho de igual valor deve corresponder salário igual, se preenchidos certos requisitos. Entre os pressupostos exigidos pela CLT, inserem-se serviço prestado pelo reclamante e paradigma ao mesmo empregador, na mesma localidade, podendo referir-se a situação pretérita. A equiparação salarial é possível ainda que os empregados prestem serviços em estabelecimentos distintos, quando pertencem ao mesmo empregador ou constituam grupo econômico (CLT, art. 2º, § 2º). O pressuposto legal 'mesma localidade' não significa que os serviços devem, necessariamente, ser prestados no mesmo espaço físico, como tal entendido a área da cidade ou do município. Tal circunstância deixa de ser relevante quando reclamante e paradigma trabalham percorrendo várias regiões, como ocorre com os motoristas, vendedores, pracistas, atividades circenses etc. Para fins de equiparação não é preciso que reclamante e paradigma estejam a serviço do mesmo estabelecimento ao tempo da reclamação. O pedido, ainda que relacionado com situação pretérita, não prejudica a equiparação quando presentes os demais requisitos previstos em lei.

23. RECURSO. Não se conhece de recurso de revista ou de embargos, quando a decisão recorrida resolver determinado item do pedido por diversos fundamentos e a jurisprudência transcrita não abranger a todos.

COMENTÁRIO. No intuito de utilizar todos os meios impugnatórios recursais possíveis, as partes inovam, criam teses, argumentos novos, enfim, uma infinidade de artimanhas, com a nítida intenção de postergar a solução dos litígios e a entrega plena da prestação jurisdicional. Esse fato, muitas vezes, em vez de favorecer a parte pode prejudicá-la. Se no julgamento de uma causa o juiz analisar cada um dos argumentos trazidos pela parte, outra decisão pode não ser encontrada para servir de paradigma caso a parte pretenda recorrer de revista. O não conhecimento do recurso, porque a jurisprudência transcrita não abrange todos os fundamentos do recurso, visa a coibir verdadeiro abuso de direito de argumentar e de recorrer.

24. SERVIÇO EXTRAORDINÁRIO. Insere-se no cálculo da indenização por antigüidade o salário relativo a serviço extraordinário, desde que habitualmente prestado.

COMENTÁRIO. No cálculo da indenização devida ao empregado estável (CLT, arts. 497 e 498), computam-se as horas extraordinárias habitualmente prestadas. O cálculo da indenização por antigüidade se faz pelo valor médio relativo a cada verba trabalhista. Na gratificação natalina, a integração se faz pela média das horas extras recebidas nos doze meses anteriores ao pagamento. A integração em férias se faz pelo valor médio das horas extraordinárias trabalhadas no ano contratual referente ao pagamento. Quando o empregado recebe adicional de insalubridade e trabalha em sobrejornada, faz jus ao adicional de insalubridade calculado sobre o salário mínimo hora extra, visto que o local de trabalho continua insalubre durante o trabalho extra. No caso da indenização por antigüidade, a integração se faz pela média das horas extras recebidas nos doze meses anteriores, corrigidas. Se nos últimos doze meses o número de horas extras prestadas for menor que no período anterior, o cálculo poderá abranger período de tempo maior, para que não haja prejuízos ao trabalhador.

25. CUSTAS. A parte vencedora na primeira instância, se vencida na segunda, está obrigada, independentemente de intimação, a pagar as custas fixadas na sentença originária, das quais ficará isenta a parte então vencida.

COMENTÁRIO. O § 4º do art. 789 da CLT prevê que as custas serão pagas pelo vencido. A CLT possui disposição expressa regulando a matéria referente às custas processuais, sendo, portanto, inaplicável a regra do CPC. No processo civil o autor é condenado no pagamento das custas, calculadas sobre o valor da causa, se improcedentes os pedidos; o réu, se procedentes; e proporcional a ambas as partes se procedentes em parte. O processo do trabalho adota outra sistemática: desde que qualquer pedido seja acolhido na sentença, ainda que em parte mínima, o empregado não paga as custas, salvo se for vencido integralmente nas instâncias superiores, deve pagar as custas fixadas na sentença de primeiro grau, independentemente de intimação. O mesmo raciocínio se aplica quando o empregador é absolvido em primeira instância, e se sucumbente com relação a um ou mais pedidos em segunda instância, deve pagar as custas fixadas na sentença originária, que poderão ser majoradas.

27. COMISSIONISTA. É devida remuneração do repouso semanal e dos dias feriados ao empregado comissionista, ainda que pracista.

COMENTÁRIO. As comissões só remuneram o serviço realizado, não englobando também os repousos. A Lei n. 605/1949 nada diz expressamente sobre os repousos semanais dos empregados comissionistas. Por analogia, aplicam-se aos empregados que recebem comissões as mesmas regras dos empregados tarefeiros — Lei n. 605/1949, art. 7º, letra c. Calcula-se o repouso semanal do comissionista tomando-se por base as comissões a que teve direito no decorrer do mês, dividindo-se o valor pelo número de dias efetivamente trabalhados naquele período, multiplicando-se a importância encontrada pela quantidade de dias de repousos (domingos e feriados) do mês respectivo.

As comissões pagas ao empregado comissionado, acrescidas do valor dos repousos semanais, devem ser atualizadas monetariamente quando da apuração da média que serve de base para o cálculo das férias, gratificações natalinas, indenizações, verbas rescisórias etc.

28. INDENIZAÇÃO (nova redação). No caso de se converter a reintegração em indenização dobrada, o direito aos salários é assegurado até a data da primeira decisão que determinou essa conversão.

COMENTÁRIO. O art. 496 da CLT autoriza o juiz a converter a reintegração em indenização dobrada. Nesse caso, segundo o TST, os salários são devidos até a data da primeira decisão que determinou a conversão, podendo ou não coincidir com a data do primeiro julgamento da causa. A lei permite que o juiz, sempre que entender conveniente e adequado, converta o pedido de reintegração ao emprego em indenização, ou em indenização um pedido de reintegração, sem que isso implique julgamento *extra* ou *ultra petita*. A fixação da data até a qual os salários são devidos também não importa extrapolamento dos limites da lide, pois é mera conseqüência da natureza do direito em discussão, que envolve salários vencidos e vincendos, estes, em razão da nulidade da demissão. O juiz tem ampla liberdade para apreciação dos fatos e das provas, podendo ou não converter a reintegração em indenização, e sua decisão deve refletir o direito, em sua melhor luz.

29. TRANSFERÊNCIA. Empregado transferido, por ato unilateral do empregador, para local mais distante de sua residência, tem direito a suplemento salarial correspondente ao acréscimo da despesa de transporte.

COMENTÁRIO. As modificações na forma de realização do trabalho, como é o caso de mudança de local da prestação dos serviços, embora ditadas pelas exigências dos tempos modernos, e decorram de necessidade dos serviços, não podem prejudicar o empregado. As modificações contratuais inserem-se nos contornos próprios do poder diretivo patronal, mas devem sustentarem-se em bases razoáveis, não podendo, de forma alguma, implicar diminuição nas vantagens concedidas aos empregados, sob pena de nulidade do ato que determina as alterações (CLT, art. 468). Diante da cláusula de inalterabilidade das condições contratuais, implícita nos contratos de trabalho, o TST entende que, quando o empregado é transferido para local mais distante de sua residência, por ato do empregador, faz jus a um acréscimo salarial para cobrir as despesas com transporte. As despesas resultantes da transferência também são de responsabilidade do empregador (CLT, art. 470).

30. INTIMAÇÃO DA SENTENÇA. Quando não juntada a ata ao processo em 48h00, contadas da audiência de julgamento (art. 851, § 2º da CLT), o prazo para recurso será contado da data em que a parte receber a intimação da sentença.

COMENTÁRIO. No processo do trabalho, segundo a regra do art. 851, § 2º da CLT, a ata de audiência de julgamento deve ser juntada ao processo no prazo improrrogável de 48h00, contados da audiência de julgamento. Se esse prazo não é observado, a parte considera-se não intimada do resultado do julgamento, e o prazo para eventual recurso somente começa a fluir a contar da intimação da decisão.

32. ABANDONO DE EMPREGO (nova redação). Presume-se o abandono de emprego se o trabalhador não retornar ao serviço no prazo de 30 dias após a cessação do benefício previdenciário nem justificar o motivo de não o fazer.

COMENTÁRIO. A justa causa que autoriza o rompimento do contrato de trabalho deve resultar de ato doloso ou culposamente grave praticado pelo empregado, capaz de abalar a confiança e a boa-fé existente entre as partes, inviabilizando a manutenção do vínculo empregatício. A justa causa exige prova incontestável de sua ocorrência, uma vez que o rompimento do contrato contraria o interesse social, na medida em que retira do empregado seu emprego, fonte de sobrevivência própria e da família.

A justa causa por abandono de emprego se caracteriza pela ausência injustificada do empregado ao serviço por um período ininterrupto de trinta dias. A configuração do abandono em lapso de tempo menor é possível quando houver evidências que tornem presumível o abandono, como por exemplo, a obtenção e/ou exercício de outro emprego. O elemento intencional ou psicológico — *animus abandonandi* —, é fundamental para a caracterização dessa justa causa, e se materializa quando os fatos tornam evidente a intenção do empregado em não mais retornar ao trabalho.

Se o empregado está afastado do trabalho para tratamento médico, amparado pela Previdência Social, com o contrato de trabalho suspenso, eliminada a causa que determinou o afastamento, deve retornar ao trabalho, no prazo de 30 dias, sob pena de presumir-se o abandono de emprego, caso não retorne nesse prazo e nem justifique o motivo do não retorno. A lei trabalhista não exige, para tipificação da justa causa resultante de abandono de emprego, que o empregador convoque o empregado para reassumir suas funções laborais. O contrato de trabalho, pelas características que lhe são próprias, se caracteriza pela equivalência de prestações e obrigações sucessivas. O empregado não precisa ser notificado para trabalhar e nem o empregador para pagar os salários. O valor que se atribuiu à notificação feita ao empregado, para que retorne ao trabalho, é apenas reforçar a prova da intenção do empregador.

33. MANDADO DE SEGURANÇA. DECISÃO TRANSITADA EM JULGADO. Não cabe mandado de segurança de decisão judicial transitada em julgado.

COMENTÁRIO. O mandado de segurança é instrumento legal posto à disposição das partes para conter abuso de poder ou ilegalidades praticados pela autoridade pública ou por agentes de pessoa jurídica no exercício das atribuições do Poder Público. Não é cabível para questionar decisão com trânsito em julgado. A coisa julgada tem garantia constitucional de imutabilidade (CF/1988, art. 5º, XXXVI).

36. CUSTAS. Nas ações plúrimas, as custas incidem sobre o respectivo valor global.

COMENTÁRIO. As custas processuais se destinam à cobrir as despesas da União. No processo do trabalho, são obrigação do reclamado, quando vencido, ainda que em parte mínima do pedido. Se os pedidos forem julgados totalmente improcedentes, e se não for a hipótese de assistência judiciária, o empregado é quem responde pelo pagamento. Em se tratando de ações plúrimas, as custas incidem sobre o respectivo valor global da condenação. Não há na lei previsão para que as custas sejam rateadas proporcionalmente entre os litigantes, para que respondam apenas pela parte que lhes toca na condenação. As partes vencidas são solidariamente responsáveis pela integralidade das custas. Se uma das partes onerada não efetua o recolhimento, a outra deve fazê-lo, para impedir a deserção do recurso; se uma delas efetua o recolhimento integral das custas, este recolhimento a todas se aproveita.

39. PERICULOSIDADE. Os empregados que operam em bomba de gasolina têm direito ao adicional de periculosidade (Lei n. 2.573, de 15.8.1955, DJ 14.6.1973).

COMENTÁRIO. O adicional de periculosidade é devido aos eletricitários (Lei n. 7.369/85), aos empregados que prestam serviços em condições de risco de vida de qualquer natureza, e àqueles que mantêm contato com inflamáveis e/ou explosivos. As condições ou situações de risco, para fins de pagamento do adicional de periculosidade, devem ser aferidas em laudo técnico subscrito por profissional habilitado e capacitado. Essa avaliação técnica é dispensável quando os empregados operam bomba de gasolina (Lei n. 2.573/1995), pois nesse caso, o risco é presumido. O trabalho em condições perigosas assegura ao empregado o direito a um suplemento salarial, denominado 'adicional de periculosidade', que corresponde a 30% de seu salário (CLT, art. 193, § 1º).

43. TRANSFERÊNCIA. Presume-se abusiva a transferência de que trata o § 1º do art. 469 da CLT, sem comprovação da necessidade do serviço.

COMENTÁRIO. O art. 469 da CLT autoriza o empregador a transferir o empregado para localidade diversa do contrato desde que comprove a necessidade da transferência. Se a transferência resulta de necessidade do serviço, o empregado não pode se opor à alteração contratual determinada pelo seu empregador e, nesse caso, tem direito a um suplemento salarial não inferior a 25% do salário percebido no período anterior ao deslocamento (CLT, art. 469, § 3º). A lei permite a mobilidade forçada do empregado, excepcionalmente, em caso de necessidade do serviço. Sem a comprovação da necessidade, a transferência é abusiva e o empregado pode a ela se opor.

44. AVISO PRÉVIO. A cessação da atividade da empresa, com o pagamento de indenização, simples ou em dobro, não exclui, por si só, o direito do empregado ao aviso prévio.

COMENTÁRIO. Nos contratos celebrados sem determinação de prazo, se o empregador não mais pretender manter o empregado em serviço, deve fazer a comunicação antecipada da dispensa, para que o empregado tenha possibilidade de encontrar nova colocação no mercado de trabalho. Da mesma forma, o empregado que não pretende mais continuar no trabalho deve comunicar o empregador, com antecedência mínima de trinta dias, para que o empregador possa encontrar substituto. A dação do aviso prévio é matéria de ordem pública, não comporta renúncia, transação, e não está condicionada a outros fatores. Embora seja ato unilateral de uma das partes e prescinda da anuência da outra, o aviso prévio implica limitação ao arbítrio potestativo de rescindir o contrato. A falta de aviso por parte do trabalhador gera o direito ao desconto dos dias do aviso; quando o empregador sonega o aviso, tem o empregado direito a uma indenização, que corresponde ao pagamento de trinta dias de salário, bem como a integração no tempo de serviço para todos os efeitos. As partes do contrato têm o direito de saber exatamente quando o contrato vai terminar. Mesmo em caso de encerramento das atividades da empresa, inclusive decorrente de falência ou concordata, o aviso prévio fica garantido.

45. SERVIÇO SUPLEMENTAR. A remuneração do serviço suplementar, habitualmente prestado, integra o cálculo da gratificação natalina prevista na Lei n. 4.090/1962.

COMENTÁRIO. Para apuração do valor das horas extras é preciso observar o disposto nos arts. 59 e 64 da CLT. O adicional de horas extras, que corresponde a, no mínimo 50%, incide sobre o valor da hora normal, entendendo-se por 'hora normal' aquela composta pelo salário acrescido das demais verbas de natureza salariais. A integração das horas extraordinárias no cálculo de outras verbas se faz pelo valor médio relativo a cada verba trabalhista. Na gratificação natalina a integração se faz pela média das horas extras recebidas nos doze meses anteriores à data de pagamento. Se o empregado contar com tempo de serviço menor, o cálculo deve observar a proporcionalidade.

46. ACIDENTE DE TRABALHO. As faltas ou ausências decorrentes de acidente do trabalho não são consideradas para os efeitos de duração de férias e cálculo da gratificação natalina.

COMENTÁRIO. O acidente de trabalho interrompe o contrato de trabalho. A interrupção do contrato de trabalho caracteriza-se quando a paralisação do contrato é parcial, deixando de vigorar apenas uma ou algumas cláusulas contratuais. O empregado não trabalha, mas o empregador tem de cumprir certas obrigações, como depositar o FGTS, pagar férias, gratificações natalinas etc. No caso de suspensão do contrato de trabalho, a paralisação é total, deixando de vigorar todas as cláusulas contratuais. Nesse caso, o empregado não trabalha e o empregador não tem para com ele qualquer obrigação. Isso ocorre nos casos de aposentadoria por invalidez, em que há paralisação total das atividades do trabalhador. A lei utiliza as terminologias suspensão e interrupção do contrato de trabalho. Em ambas ocorre a paralisação do trabalho, porém, são diferentes os efeitos que a paralisação produz.

O período de afastamento do trabalho por motivo de acidente de trabalho é computado no tempo de serviço efetivo. O empregado, embora afastado, não perde o direito a férias se a interrupção não ultrapassar seis meses, e são de responsabilidade do empregador. Quanto à gratificação natalina, é devida pelo INSS após o 15º dia de afastamento.

47. INSALUBRIDADE. O trabalho executado em condições insalubres, em caráter intermitente, não afasta, só por essa circunstância, o direito à percepção do respectivo adicional.

COMENTÁRIO. A intermitência à exposição ao risco não prejudica o percebimento do adicional de insalubridade. As condições de trabalho insalubres não podem ser contadas, pesadas ou medidas quantitativamente para se aferir um número maior ou menor de danos que os agentes insalubres podem causar à saúde do trabalhador. O trabalho em condições insalubres expressa condição desfavorável à saúde do trabalhador, está fora de controle, e os efeitos danosos não dependem do tempo de exposição. É o que ocorre com o empregado que trabalha em hospitais, em contato com pacientes portadores de doenças infecto-contagiosas. Um único contato pode ensejar o contágio de doença incurável, que pode inclusive ser fatal. Em se tratando de agentes insalubres, não se pode falar em risco eventual, pois o trabalho insalubre jamais perde essa qualidade.

48. COMPENSAÇÃO. A compensação só pode ser argüida com a contestação.

COMENTÁRIO. A compensação é forma de extinção de obrigações, até onde se equivalem os créditos e os débitos, e só é possível entre pessoas que são ao mesmo tempo devedoras e credoras uma da outra. Não se confunde com dedução dos valores pagos sob os mesmos títulos, que se constitui objeção, e prescinde, para que ocorra, de qualquer manifestação de vontade do devedor ou do credor. Quando o juiz determina o abatimento de valores pagos sob os mesmos títulos não está determinando a compensação, e sim a dedução dos valores já quitados, para evitar *bis in idem*. A dedução dos valores pagos é matéria de ordem pública, dela o juiz pode conhecer de ofício, e não se confunde com a compensação ou com o pagamento indevido, que geram a obrigação de restituir fundada no princípio do não enriquecimento sem causa.

A compensação é exceção de direito processual, enquanto o pagamento é objeção de direito material. Deve ser argüida com a contestação, sob pena de preclusão.

50. GRATIFICAÇÃO NATALINA. A gratificação natalina, instituída pela Lei n. 4.090/62, é devida pela empresa cessionária ao servidor público, enquanto durar a cessão.

COMENTÁRIO. A Lei n. 4.090/62 determina que a todo empregado deve ser pago no mês de dezembro de cada ano uma gratificação salarial independentemente da remuneração a que fizer jus naquele mês. Essa gratificação será paga pelo empregador até o dia 20 de dezembro de cada ano, compensada a importância que, a título de adiantamento, o empregado houver recebido entre os meses de fevereiro e novembro. O TST entende que ao servidor público cedido aplicam-se as disposições relativas a gratificação natalina, enquanto durar a cessão, e quem responde pelo pagamento é a empresa cessionária.

51. VANTAGENS. As cláusulas regulamentares, que revoguem ou alterem vantagens deferidas anteriormente, só atingirão os trabalhadores admitidos após a revogação ou alteração do regulamento.

COMENTÁRIO. As cláusulas regulamentares vigentes no momento da contratação do empregado não podem ser revogadas ou alteradas posteriormente a admissão, salvo se não implicar prejuízos ao trabalhador. As alterações no regulamento, se importar em diminuição de vantagens ou supressão de direitos, não atingem os trabalhadores admitidos antes das alterações. As modificações nas condições de trabalho e remuneração só atingem situações futuras, sendo intangíveis as já constituídas.

O regulamento de empresa é fonte vinculante de Direito do Trabalho e, quando estabelece condições mais benéficas ao trabalhador, se sobrepuja a lei. O empregador não pode modificar as condições de trabalho do empregado, salvo demonstrando a necessidade da alteração, que deve ser provisória, em caráter emergencial, e em face de acontecimentos extraordinários e imprevisíveis. Além disso, devem sustentar-se em bases razoáveis, sob pena de nulidade do ato praticado pelo empregador. As alterações do contrato de trabalho contrárias à lei, ao contrato, à norma coletiva ou ao regulamento são sancionadas com a declaração de nulidade. As disposições contidas no regulamento de empresa incidem sobre os contratos individualmente celebrados, como verdadeiras leis, dado seu caráter normativo, de obediência obrigatória. Se houver redução das vantagens em decorrência de alteração do regulamento, o ato que a ensejou é nulo, por infringir disposições regulamentares, cuja eficácia temporal não se limita no tempo, incorporando-se as cláusulas aos contratos individuais de trabalho, de forma definitiva. Advindo novo regulamento, não cessa a eficácia das cláusulas do anterior. A hipótese é de direito adquirido, pois o direito do trabalho não admite normas *in pejus* daquelas já existentes. Nem mesmo a renúncia ou transação são admitidas. Toda alteração contratual lesiva ao empregado e não excepcionada por lei é nula e não produz efeitos (CLT, art. 468). Em caso de alteração prejudicial, as condições de trabalho e salário anteriores a alteração devem ser restabelecidas, com os ressarcimentos pecuniários correspondentes.

52. TEMPO DE SERVIÇO. O adicional de tempo de serviço (qüinqüênio) é devido, nas condições estabelecidas no art. 19 da Lei n. 4.345/64, aos contratados sob o regime da CLT pela empresa a que se

refere a mencionada lei, inclusive para o fim de complementação de aposentadoria.

COMENTÁRIO. O TST firmou o entendimento de que o adicional por tempo de serviço pago aos empregados de autarquias e de sociedade de economia mista é devido também aos trabalhadores contratados por tais entidades pelo regime celetista. Para fins remuneratórios, o TST tem procurado equiparar as duas categorias de trabalhadores, a fim de preservar o princípio da isonomia, que manda tratar do mesmo modo aqueles que se encontram na mesma situação jurídica. Mesmo não se tratando de mesma situação jurídica, e sim de mesma situação de fato, o TST, ao interpretar a lei, dá primazia aos princípios da proteção, da igualdade e da não discriminação.

53. CUSTAS. O prazo para pagamento das custas, no caso de recurso, é contado da intimação do cálculo.

COMENTÁRIO. Se a sentença fixa o valor da condenação e das custas, a intimação da sentença implica ciência do cálculo do valor das custas. Se é omissa, somente após a intimação do cálculo é que começa a fluir o prazo de cinco dias para o recolhimento.

54. OPTANTE. Rescindido por acordo seu contrato de trabalho, o empregado estável optante tem direito ao mínimo de 60% do total da indenização em dobro, calculada sobre o maior salário percebido no emprego. Se houver recebido menos do que esse total, qualquer que tenha sido a forma de transação assegura-se-lhe a complementação até aquele limite.

COMENTÁRIO. Até a data da promulgação da CF/1988, o empregado podia ser contratado como não optante, e a opção pelo regime de FGTS podia ser feita em até 365 dias a contar da data de admissão, sem quaisquer formalidades. Os não optantes podiam optar pelo FGTS com efeito retroativo a 1.1.1967, ou à data de admissão, mediante declaração escrita, homologada pela Justiça do Trabalho, ou então permanecer estáveis, com direito assegurado à indenização simples ou em dobro, conforme o tempo de serviço prestado ao empregador. O empregado que em 5.8.1988 possuía mais de dez anos de serviço na empresa, na condição de não optante, tinha e ainda tem a garantia de estabilidade definitiva, não podendo ser demitido, exceto com justa causa ou pela ocorrência de circunstância de força maior. Se não fosse optante e contasse com tempo de serviço inferior a dez anos em 5.10.1988, caso dispensado sem justa causa, tinha direito a receber do empregador uma indenização, a base de um salário por ano de serviço prestado, mais 1/12 de gratificação natalina para cada ano trabalhado ou fração de tempo superior a seis meses (TST, Enunciado n. 148). Não tinham direito a estabilidade no emprego por não contarem com 10 anos de serviço.

No intuito de proteger a relação jurídica do empregado admitido antes da promulgação da Constituição, firmou-se na Justiça do Trabalho o entendimento, segundo o qual, rescindido o contrato de trabalho do empregado estável, por acordo entre as partes, o optante tem direito ao mínimo de 60% do total da indenização em dobro, calculada sobre o maior salário percebido no emprego. Se houver recebido menos do que esse total, qualquer que tenha sido a forma de transação, assegura-se-lhe a complementação até aquele limite.

55. FINANCEIRAS. As empresas de crédito, financiamento ou investimento, também denominadas financeiras, equiparam-se aos estabelecimentos bancários para os efeitos do art. 224 da CLT.

COMENTÁRIO. Por analogia, as empresas de crédito, financiamento ou investimento, equiparam-se aos estabelecimentos bancários para os fins de aferição da jornada de trabalho de seus empregados, que nos termos do art. 224 da CLT é de seis horas, salvo em se tratando de exercentes de cargo de confiança e que recebem gratificação de função não inferior a 1/3 do salário normal, que é de oito horas. Os empregados das empresas de crédito, financiamento ou investimento, por não integrarem nenhuma das categorias diferenciadas citadas pelo art. 511, § 3º da CLT, enquadram-se no ramo da atividade preponderante desenvolvida pela empresa, não se distinguindo a prestação dos serviços, em essência, dos empregados bancários. Aplicam-se, portanto, às financeiras a regra do art. 224 da CLT.

58. PESSOAL DE OBRAS. Ao empregado admitido como pessoal de obras, em caráter permanente e não amparado pelo regime estatutário, aplica-se a legislação trabalhista.

COMENTÁRIO. O trabalhador não investido em forma legal, ou seja, em cargo público por nomeação e posse, inserido numa relação jurídica de natureza pública configurada em estatuto, ou não se enquadrando na hipótese de excepcional interesse público e que labora ininterruptamente e em caráter permanente, é empregado regido pela CLT. Independente de o empregador ser ente público, se não prestou concurso público ou não foi contratado em caráter especial, aplicam-se as disposições trabalhistas, pois sujeito à subordinação jurídica, vinculada à relação de emprego.

60. ADICIONAL NOTURNO. O adicional noturno, pago com habitualidade, integra o salário do empregado para todos os efeitos.

COMENTÁRIO. O adicional noturno possui natureza salarial, integra o cálculo dos RSR's e repercute em todas as demais verbas auferidas na vigência do contrato de trabalho, tais como férias acrescidas de 1/3, gratificações natalinas, verbas rescisórias e FGTS mais 40%. O adicional noturno é um acréscimo salarial que tem como causa o trabalho em horário noturno, que se realiza em condições mais penosas para o trabalhador, porque afeta seu relógio biológico. Quando o pagamento é habitual, perde seu caráter acessório e passa a compor o cálculo dos RSR's e a incidir sobre todas as demais trabalhistas devidas por força de lei, contrato, regulamento ou normas coletivas de trabalho. O Enunciado n. 264 do TST prevê que o cálculo das horas extras se faça sobre o valor da hora normal já acrescida de outros adicionais.

61. FERROVIÁRIO. Aos ferroviários que trabalham em estação do interior, assim classificadas por autoridade competente, não são devidas horas extras.

COMENTÁRIO. As condições de trabalho dos ferroviários são peculiares, pois a atividade envolve diversas tarefas, tais como transporte, construção, administração, conservação e remoção de vias férreas. A amplitude da atividade fez com que o legislador dividisse os trabalhadores em grupos, de acordo com as particularidades de cada atividade, distinguindo ainda o pessoal que presta serviços nas estações do interior dos de outras localidades, segundo classificação elaborada pela autoridade competente. Os empregados que trabalham em estações do interior, em razão da pouca intensidade ou intermitência do trabalho, não se beneficiam com a tutela dispensada pelos arts. 59 e seguintes da CLT, e não têm direito à remuneração das horas trabalhadas além da jornada normal. Mas, para compensar a ausência de remuneração, é assegurado aos ferroviários que trabalham em estação do interior um descanso semanal contínuo no mínimo de dez horas entre dois períodos de trabalho, sem prejuízo do descanso semanal (CLT, art. 243).

62. ABANDONO DE EMPREGO. O prazo de decadência do direito do empregador de ajuizar inquérito em face do empregado que incorre em abandono de emprego é contado a partir do momento em que o empregado pretendeu seu retorno ao serviço.

COMENTÁRIO. O inquérito judicial para apuração de falta grave cometida pelo empregado estável, inclusive, abandono de emprego, é imperativo legal, sendo esta uma característica que diferencia os institutos da estabilidade e da garantia de emprego. Os empregados que gozam de mera garantia de emprego, como é o caso das empregadas gestantes e dos membros da CIPA, podem ser demitidos sumariamente, sem que o empregador tenha de ajuizar ação de inquérito para rescindir o contrato de trabalho do empregado. Os estáveis decenais e os dirigentes sindicais (CF/1988, art. 8º, VIII e CLT, art. 543, § 3º), os diretores de cooperativas de créditos (Lei n. 5.764/71, art. 55) etc., somente podem ser despedidos após observados certos procedimentos e formas (Lei n. 8.036/90, art. 3º, § 9º; Decreto n. 99.684/90, art. 65). Se a lei exigir o ajuizamento do inquérito para a apuração da falta cometida pelo empregado, e se a falta consistir em abandono de emprego, o empregador tem o prazo de trinta dias para o ajuizamento do inquérito (Súmula n. 403 do STF), prazo de decadência, e que é contado do dia imediato àquele em que o empregado pretendeu seu retorno ao trabalho. Não o fazendo nesse prazo, o empregador decai do direito de ação, e se despedir o empregado é cabível a reintegração.

63. FUNDO DE GARANTIA. A contribuição para o FGTS incide sobre a remuneração mensal do empregado, inclusive horas extras e adicionais eventuais.

COMENTÁRIO. O empregado conta com garantia legal dos depósitos de FGTS durante a vigência do contrato de trabalho, para serem utilizados em hipóteses previstas em lei. Conforme entende o TST, o FGTS incide sobre a remuneração mensal do empregado, inclusive horas extras e adicionais eventuais. Quando o TST faz referência à "remuneração mensal", por certo não pretendeu incluir nessa expressão algumas verbas, que de forma alguma podem compor a base de cálculo do FGTS. São elas: o abono do PIS/PASEP, o vale-transporte, o abono de férias (1/3), o abono pela conversão de dez dias de férias, as férias indenizadas, a complementação do auxílio-doença, as diárias para viagem que não excederem de 50% do salário, a multa de 40% do FGTS, a indenização adicional, a licença-prêmio, a alimentação fornecida com base no Programa de Alimentação do Trabalhador — PAT —, a complementação paga pela previdência complementar, o reembolso creche, o serviço médico ou odontológico e outras verbas que não têm natureza remuneratória.

65. VIGIA. O direito à hora reduzida de 52 minutos e 30 segundos aplica-se ao vigia noturno.

COMENTÁRIO. No trabalho noturno a hora é considerada ficticiamente de 52 minutos e 30 segundos. A redução da hora noturna prevista no § 1º do art. 73 da CLT aplica-se ao vigia noturno. O inciso XI, do art. 7º da CF/1988 estabelece que a remuneração do trabalho noturno deve ser superior à do diurno. Não só o vigia noturno, mas todo aquele que presta serviços em horário noturno tem direito a hora reduzida. Em se tratando de vigia doméstico, há divergências doutrinárias e jurisprudenciais. Isso porque o art. 73 da CLT não se aplica aos empregados domésticos, diante da vedação expressa contida no art. 7º da CLT, e do disposto no parágrafo único do art. 7º da Constituição Federal.

67. GRATIFICAÇÃO. FERROVIÁRIO. Chefe de trem, regido pelo Estatuto dos Ferroviários (Decreto n. 35.530/59), não tem direito à gratificação prevista no respectivo art. 110.

COMENTÁRIO. Nos termos do art. 111 do Decreto n. 35.530/59, também chamado "Estatuto dos Ferroviários", os chefes de trem ocupam cargos de administração. O entendimento do TST é no sentido de que os chefes de trem não têm direito à gratificação prevista no art. 110, que se destina a ocupantes de outras categorias de trabalhadores regidas pela mesma norma.

68. PROVA. É do empregador o ônus da prova do fato impeditivo, modificativo ou extintivo da equiparação salarial.

COMENTÁRIO. O empregado que pretende a equiparação salarial deve exercer função idêntica àquela exercida pelo paradigma, com igual responsabilidade na estrutura e funcionamento da empresa. É seu o ônus de provar o fato constitutivo de seu direito, qual seja, a identidade de funções, pois se as funções são idênticas, presume-se que eram exercidas com a mesma perfeição técnica e igual produtividade. A identidade de funções é aferida pelas reais condições de trabalho exercidas pelo reclamante e paradigma, não sendo a denominação atribuída a cada função, quando distintas, suficiente para afastar a aplicação do princípio da isonomia se presentes os demais pressupostos legais. Isonomia salarial pressupõe identidade de funções e somente não se caracteriza se houver pluralidade de atribuições e tarefas afins entre os empregados. Se o empregador invocar em seu benefício fato modificativo, impeditivo ou extintivo do direito à equiparação salarial, tais como diferença de produtividade, de perfeição técnica, de tempo de serviço, o ônus da prova lhe é transferido.

69. RESCISÃO DO CONTRATO (nova redação). A partir da Lei n. 10.272, de 5.9.2001, havendo rescisão do contrato de trabalho e sendo revel e confessa quanto à matéria de fato, deve ser o empregador condenado ao pagamento das verbas rescisórias, não quitadas na primeira audiência, com acréscimo de 50%.

COMENTÁRIO. A Lei n. 10.272, de 5.9.2001, deu nova redação ao art. 467 da CLT e passou a dispor que "Em caso de rescisão de contrato, não havendo controvérsia sobre o montante de verbas rescisórias o empregador é obrigado a pagar ao trabalhador, à data do comparecimento à Justiça do Trabalho, a parte incontroversa dessas verbas, sob pena de pagá-las acrescidas de 50%". O legislador procura impedir que o empregador deixe de pagar as verbas rescisórias do empregado nos prazos legais, para somente vir a pagá-las ao final do processo, deixando desamparados e sem meios de subsistência não só o trabalhador como também sua família. O TST procurou eliminar divergências de interpretação sobre a aplicabilidade do art. 467 da CLT quando o empregador não comparece à audiência, tornando-se revel e confesso quanto a matéria de fato. Mesmo nesse caso o empregador responde pelo pagamento das verbas rescisórias não pagas no momento oportuno, acrescidas de 50%.

70. ADICIONAL DE PERICULOSIDADE. O adicional de periculosidade não incide sobre os triênios pagos pela Petrobras.

COMENTÁRIO. Os petroquímicos são regidos pela Lei n. 5.811/1972, que estipula o regime de trabalho, as condições de trabalho e a remuneração dos empregados nas atividades de exploração, perfuração, produção e refinação de petróleo, industrialização do xisto, indústria petroquímica e transporte de petróleo e seus derivados por meio de dutos. Por trabalharem em condições e situações de risco, os petroquímicos recebem adicional de periculosidade. O cálculo desse adicional, segundo dispõe o art. 193, § 1º da CLT, corresponde a 30% do salário, sem os acréscimos resultantes de gratificações, prêmios ou participações nos lucros da empresa. Ressalvadas as verbas expressamente especificadas pelo art. 193 da CLT, todas as demais, de natureza salariais, compõem a base de cálculo do adicional de periculosidade. Contudo, em se tratando de empregados que prestam serviços à Petrobras, o TST posicionou-se no sentido de que o adicional de periculosidade não incide sobre os triênios por eles recebidos. Trata-se de autêntica regra jurisprudencial de exceção, uma vez que o adicional de periculosidade deve incidir não só sobre os triênios, mas também sobre os anuênios e os qüinqüênios, e demais verbas de natureza salarial.

71. ALÇADA. A alçada é fixada pelo valor dado à causa na data de seu ajuizamento, desde que não impugnado, sendo inalterável no curso do processo.

COMENTÁRIO. Na Justiça do Trabalho a alçada é fixada com base no valor dado à causa na data do ajuizamento da ação. Nos dissídios em que o valor da causa corresponder a até dois salários mínimos, não cabe nenhum recurso da decisão que for proferida, inclusive em execução, salvo se a matéria discutida envolver norma constitucional (Lei n. 5.584/1970, art. 2º). Parte da doutrina entende que a CF/1988 revogou a regra de irrecorribilidade das causas de alçada exclusiva das Varas, sustentando que tal regra fere o disposto no art. 5º da Constituição, que assegura a igualdade de todos perante a lei. O TST não acolheu este entendimento, pois esclarece, no Enunciado n. 356, que o § 4º da Lei n. 5.584/1970 foi recepcionado pela Constituição.

Entre os requisitos da petição inicial do processo trabalhista não está o valor da causa. Mesmo omisso no art. 840 da CLT, o valor da causa deve constar na petição inicial, pois é essencial para fixação das custas processuais para definir a alçada e estabelecer o rito procedimental. É determinado segundo os critérios ditados pelos arts. 258 a 260 do CPC, não podendo ser estipulado de forma arbitrária ou aleatória. Na hipótese de extinção do processo — arquivamento, desistência ou improcedência —, as custas processuais são devidas (art. 789, § 3º da CLT).

O valor da causa passou a ter maior relevância no processo do trabalho com a criação do procedimento sumaríssimo pela Lei n. 9.957/2000. A definição do rito — ordinário ou sumaríssimo — se faz pela análise do conteúdo econômico aproximado dos pedidos, e é definido pelo valor atribuído à causa na data do ajuizamento da ação (CLT, art. 852-A).

72. APOSENTADORIA (nova redação). O prêmio-aposentadoria instituído por norma regulamentar da empresa não está condicionado ao disposto no § 2º do art. 14 da Lei n. 8.036/90.

COMENTÁRIO. O § 2º do art. 14 da Lei n. 8.036/1990 diz que "O tempo de serviço anterior à atual Constituição poderá ser transacionado entre empregador e empregado, respeitado o limite mínimo de 60% (sessenta por cento) da indenização prevista". Segundo o TST, o prêmio-aposentadoria instituído pelo regulamento empresarial não está condicionado ao disposto no § 2º do art. 14 da Lei n. 8.036/90. Isso significa que o prêmio-aposentadoria não é computado para fins de cálculo da indenização de antigüidade. A estabilidade decenal foi suprimida pela Constituição, mas ficou garantido o direito do empregado não optante pelo FGTS, que contava com mais de dez anos prestado ao empregador na data da promulgação da Constituição, de pleitear, na rescisão contratual sem justa causa, o pagamento de indenização em dobro. Porém, no cálculo da indenização, independentemente de resultar de extinção do contrato sem justa causa ou decorrer de aposentadoria do empregado, não é computado o prêmio-aposentadoria instituído em norma regulamentar.

73. DESPEDIDA. JUSTA CAUSA (nova redação). A ocorrência de justa causa, salvo a de abandono de emprego, no decurso do prazo do aviso prévio dado pelo empregador, retira do empregado qualquer direito às verbas rescisórias de natureza indenizatória.

COMENTÁRIO. A justa causa praticada pelo empregado no curso do aviso prévio, ainda que indenizado, surte efeitos jurídicos, isso porque a comunicação da demissão, seja pelo empregado, seja pelo empregador, não extingue de imediato o contrato de trabalho. Após a comunicação da dispensa e por um período de trinta dias, o contrato permanece vigorando em todos os seus termos, mantendo-se inalteradas as obrigações do empregado e do empregador, inclusive, as de natureza disciplinar. Nesse período, se o empregado demitido sem justa causa praticar falta grave, salvo abandono de emprego, perde o direito às indenizações previstas em lei, quais sejam, salários do restante do tempo de aviso, férias e gratificação natalina proporcionais, multa de 40% do FGTS, não pode levantar o FGTS depositado e não tem direito às parcelas do seguro-desemprego. Em se tratando de abandono de emprego, segundo interpretação do TST, não perde as indenizações legais. Contudo, é preciso observar que embora tenha o direito às 'indenizações legais', não são devidos os salário dos dias que faltavam para completar o período do aviso, não pode levantar o FGTS depositado (Lei n. 8.036/1990, art. 20), e também não tem direito às parcelas do seguro-desemprego (Lei n. 7.998/1990, art. 3º).

Dificilmente o abandono de emprego poderá ocorrer no período do aviso prévio, pois a presunção de que houve abandono somente se caracteriza após trinta dias de ausência ininterrupta ao trabalho, fato que evidencia o elemento psicológico do empregado em não mais retornar ao emprego — *animus abandonandi*. Mas, se o empregado encontrar novo emprego, a presunção é de que houve abandono de emprego.

Mesmo que o aviso prévio seja indenizado, isso não impede que o empregado possa praticar falta grave capaz de ensejar o rompimento imediato do contrato, como ocorre quando pratica ato lesivo da honra e boa fama contra o empregador ou seus superiores hierárquicos. A prova da justa causa, no curso do aviso prévio ou não, é do empregador.

74. CONFISSÃO. Aplica-se a pena de confissão à parte que, expressamente intimada com aquela cominação, não comparecer à audiência em prosseguimento, na qual deveria depor.

COMENTÁRIO. A parte que intimada da audiência especialmente designada para prestar depoimento deixa de comparecer, é confessa quanto à matéria de fato. Contudo, a pena confissão não implica, necessariamente, em procedência integral dos pedidos formulados na inicial ou o acolhimento das alegações da defesa. Os fatos alegados pela parte contrária tornam-se incontroversos, porém, somente são admitidos como verdadeiros se não contrariados por outras provas, se não envolverem matéria de ordem pública que o juiz deve conhecer de ofício, ou se a prova documental ou técnica não for exigida como sendo da substância do ato, como é o caso das perícias de insalubridade e/ou periculosidade.

77. PUNIÇÃO. Nula é a punição do empregado se não precedida de inquérito ou sindicância internos a que se obrigou a empresa por norma regulamentar.

COMENTÁRIO. As cláusulas regulamentares são partes integrantes do contrato de trabalho. As modificações no regulamento, posteriores à admissão, não são admitidas quando prejudiciais ao trabalhador. A alteração nas condições de trabalho e remuneração somente podem atingir situações futuras, sendo intangíveis as já constituídas. O regulamento de empresa é fonte vinculante de Direito do Trabalho e, quando estabelece condições mais benéficas, se sobrepuja a lei. As disposições contidas no regulamento de empresa incidem sobre os contratos individualmente celebrados, como verdadeiras leis, dado seu caráter normativo, de obediência obrigatória. Quando o regulamento da empresa prevê que o empregado somente pode ser demitido com justa causa após apurada a falta grave por meio de inquérito ou sindicância internos, a demissão sem a observância dessa regra importa em nulidade do ato demissionário. Nesse caso, a reintegração ao emprego é cabível, por decorrer de infringência a norma regulamentar que o próprio empregador se obrigou a cumprir.

80. INSALUBRIDADE. A eliminação da insalubridade mediante fornecimento de aparelhos protetores aprovados pelo órgão competente do Poder Executivo exclui a percepção do respectivo adicional.

COMENTÁRIO. Se o empregado presta serviços em ambiente insalubre e este deixa de ser declarado insalubre em razão do fornecimento de equipamentos de proteção adequados, aprovados pelo órgão competente, segundo o TST, o adicional de insalubridade não mais é devido. Nesse caso, toda cautela é necessária, pois o uso de aparelhos protetores nem sempre elimina integralmente a insalubridade. Caso típico é o ruído, em que o uso do equipamento não neutraliza a insalubridade. Os protetores auriculares são insuficientes para eliminar os efeitos danosos do ruído no interior da cavidade auditiva, em razão da repercussão das ondas emitidas sobre a malha nervosa que envolve a caixa craniana. A exposição contínua aos ruídos causa sérias implicações no sistema nervoso do trabalhador, gera *déficit* auditivo neurossensorial, produz modificações nas ondas eletroencefalográficas, fadiga nervosa, perda da memória, irritabilidade e dificuldade de coordenação das idéias, danifica o aparelho cardiovascular, causa hipertensão, alteração do ritmo cardíaco, do calibre dos vasos sangüíneos, modificação do ritmo respiratório, perturbações gastrointestinais, perda da capacidade auditiva etc. A possibilidade de dano à saúde dos trabalhadores que exercem suas atividades em ambientes insalubres é indiscutível. A Constituição Federal promove e valoriza o trabalho (arts. 1º, IV, 5º, XIII, 6º, 7º, dentre outros) e a saúde (arts. 196 e 200), e em alguns dispositivos alia os dois preceitos (art. 7º, XXII, 193 e 200, II), justamente porque um não prescinde do outro, ao contrário, complementam-se.

Não é suficiente, para fins de supressão do direito ao adicional de insalubridade, o simples fornecimento de equipamentos individuais de proteção, pois o uso equipamento nem sempre neutraliza os efeitos danosos dos agentes insalubres.

81. FÉRIAS. Os dias de férias gozados após o período legal de concessão deverão ser remunerados em dobro.

COMENTÁRIO. Diz o art. 134 da CLT que após cada ano de vigência o contrato de trabalho adquire o trabalhador o direito a férias. O art.

137 da CLT prevê ainda que "sempre que as férias forem concedidas após o prazo de que trata o art. 134, o empregador pagará em dobro a respectiva remuneração". Nos termos da lei, a prova do cumprimento da obrigação se faz por meio de documentos. É, portanto, ônus do empregador provar, documentalmente, que concedeu férias ao empregado, dentro dos prazos previstos em lei, sob pena de ser condenado a indenizar os períodos de férias não concedidas dentro do período legal de concessão, com a dobra prevista no art. 137 da CLT.

82. ASSISTÊNCIA (nova redação). A intervenção assistencial, simples ou adesiva, só é admissível se demonstrado interesse jurídico e não o meramente econômico.

COMENTÁRIO. A intervenção de terceiros no processo do trabalho não é, em regra, admitida, pois a discussão sobre a responsabilidade dos devedores escapa à competência da Justiça do Trabalho, a quem compete apenas dirimir litígios entre trabalhadores e empregadores (CF/1988, art. 114). Não obstante ausência de previsão legal para a intervenção de terceiros no processo trabalhista, o TST entende ser possível a assistência, desde que haja demonstração de que o interesse do terceiro é jurídico, e não apenas, econômico. Por interesse jurídico há de se entender como sendo o interesse que a sentença seja favorável ao assistido e/ou ao assistente, e deve ser direto, legítimo e atual. Admitida a intervenção, observar-se-ão as disposições do CPC que regulam a matéria, inclusive a regra do art. 50 que diz que o terceiro recebe o processo na fase que se encontra, não podendo pleitear o retorno a fases superadas. A assistência é simples quando a relação jurídica envolve o assistente e o assistido; é litisconsorcial quando envolve o assistente, o assistido e a parte contrária do assistido. No primeiro caso, o direito discutido no processo é exclusivamente do assistido; na litisconsorcial, é de ambos. Na assistência litisconsorcial o litisconsorte assume a posição de parte, e pode inclusive se opor à desistência do assistido, ao reconhecimento do pedido, à transação etc.; na assistência simples isso não é possível, pois o assistente é mero auxiliar do assistido.

83. AÇÃO RESCISÓRIA (nova redação). Não procede o pedido formulado na ação rescisória por violação literal de lei se a decisão rescindenda estiver baseada em texto legal infraconstitucional, de interpretação controvertida nos Tribunais.

COMENTÁRIO. Entende o TST ser incabível ação rescisória por violação literal de lei se sua interpretação é controvertida nos Tribunais.

A controvérsia sobre a interpretação da lei é aquela havida ao tempo em que a sentença que se pretende rescindir foi proferida. Se posteriormente a controvérsia deixou de existir, posicionando-se os Tribunais em sentido favorável à tese defendida pela parte prejudicada com o resultado do julgamento, esse fato não tem relevância para fins de cabimento da ação rescisória.

A Súmula n. 343 do STF também prevê que "Não cabe ação rescisória por ofensa a literal disposição da lei, quando a decisão rescindenda se tiver baseado em texto legal de interpretação controvertida nos tribunais".

84. ADICIONAL REGIONAL (nova redação). O adicional regional, instituído pela Petrobras, não contraria o art. 7º XXXII, da CF/1988.

COMENTÁRIO. Os adicionais são acréscimos salariais que têm como causa o trabalho em condições mais penosas para o trabalhador. São considerados "sobre-salário", e devidos enquanto perdurem as situações que os propiciem. Quando habituais, perdem o caráter de acessoriedade e passam a incidir sobre todas as demais verbas auferidas na vigência do contrato de trabalho.

O art. 7º, XXXII, da CF/1988, proíbe distinção entre trabalho manual, técnico e intelectual ou entre os profissionais respectivos. Não obstante essa regra constitucional de proteção, o TST firmou entendimento segundo o qual o adicional regional instituído pela Petrobras não implica violação à regra jurídica constitucional que veda diferenciação de remuneração entre os empregados.

85. COMPENSAÇÃO DE HORÁRIO (nova redação). A compensação de jornada de trabalho deve ser ajustada em acordo individual escrito, acordo coletivo ou convenção coletiva. O não atendimento das exigências legais não implica a repetição do pagamento das horas excedentes, sendo devido apenas o respectivo adicional.

··COMENTÁRIO. O entendimento do TST, no sentido de atribuir validade ao acordo individual de compensação de jornada de trabalho, não se coaduna com o disposto no art 7º, XIII da CF/1988. O art. 7º, XIII, da CF prevê "duração do trabalho normal não superior a oito horas diárias e quarenta e quatro semanais, facultada a compensação de horários e a redução da jornada, mediante acordo ou convenção coletiva de trabalho". E o art. 8º, VI, também da Constituição, diz que "é obrigatória a participação dos sindicatos nas negociações coletivas de trabalho".

Diante da clareza do texto constitucional, somente são válidas as prorrogações e as compensações de jornada mediante acordo coletivo ou convenção coletiva de trabalho. Os acordos individuais ferem o direito subjetivo dos empregados à representação sindical no ato da alteração da jornada legal e o próprio poder de representação sindical. Embora a CF/1988 tenha inserido em seu texto o fenômeno da flexibilização, prevendo a possibilidade da redutibilidade salarial, compensação de horário de trabalho e trabalho em turnos de revezamento (arts. 7º, VI, XIII e XIV), deixou claro, contudo, que tais direitos só podem ser transacionados ou renunciados sob a tutela sindical. A flexibilização é admitida nas hipóteses autorizadas em lei, devendo ser respeitada a forma legal, sob ferir princípios constitucionais que protegem o trabalhador.

O direito admite as prorrogações de horário para realização e conclusão de serviços inadiáveis ou cuja inexecução possa causar prejuízos a empresa. Fora dessa hipótese, as prorrogações de horário de trabalho não são válidas. Na compensação de horário os excessos da jornada normal diária decorrem de aumento da quantidade diária de trabalho para supressão do trabalho no sábado, não gerando direito a horas extras. Nas prorrogações, o excesso de trabalho diário é considerado extraordinário. O empregador não pode adotar, simultaneamente, os dois regimes, pois tal forma de proceder acarreta redução salarial indireta, em razão da sonegação ou do pagamento a menor das horas extras. Além disso, retira do empregado a expectativa de descanso após ter cumprido a jornada normal diária ou semanal. Tal prática não gera efeitos porque o empregado fica submetido ao inteiro arbítrio da vontade do empregador.

Sendo coletivo o acordo de compensação, para ter validade, os limites da compensação devem ser observados. A jornada diária de trabalho do empregado pode ser elastecida até o limite de duas horas, sem que se caracterizem horas extras (CLT, art. 59, § 2º), mas em qualquer caso deve ser respeitado o limite diário de dez horas, e semanal de quarenta e quatro horas. A realização de horas extras habituais pelo empregado que trabalha em regime de compensação implica nulidade do acordo compensatório, porque são contraditórios os regimes de compensação e de horas extras. Na ocorrência desse fato, o empregador é obrigado a pagar ao empregado as horas excedentes do limite diário normal como extraordinárias

A Constituição Federal, seguramente, só atribui validade ao acordo de compensação de horário de trabalho se: 1) contar com a participação do sindicato, não sendo suficiente que o instrumento coletivo de trabalho remeta às partes à negociação, porque não é isso o que diz o texto constitucional; 2) se os limites previstos para a compensação de horário, diário, mensal e semanal, forem rigorosamente observados.

Permanece ainda a discussão sobre a possibilidade de compensação de horário nas atividades insalubres.

86. DESERÇÃO. MASSA FALIDA. Não ocorre a deserção de recurso da massa falida por falta de pagamento de custas ou de depósito do valor da condenação.

COMENTÁRIO. Na Justiça do Trabalho as custas são pagas pelo vencido, e se destinam à cobrir despesas da União. O depósito recursal é obrigação do empregador sucumbente que pretenda recorrer da condenação, e é feito na conta vinculada do empregado. Quando o vencido, ainda que em parte mínima do pedido, é a massa falida, segundo o TST, não precisa fazer o preparo do recurso. A massa falida está dispensada do recolhimento das custas e do depósito recursal. A lei não prevê essa hipótese de isenção, mas exigir do juízo falimentar a liberação de numerário para o preparo do recurso ensejaria um procedimento em regra complexo, que não se coaduna com os princípios do processo do trabalho. A dispensa de pagamento dos custos não significa renúncia, pois quando o processo atinge seu termo final, o juiz trabalhista expede ofício ao juízo falimentar solicitando reserva de crédito para o pagamento das custas e demais despesas devidas no processo trabalhista.

Não é também exigido o depósito recursal, em qualquer fase do processo ou grau de jurisdição, dos entes de direito público externo e das pessoas de direito público contempladas no Decreto n. 779/1969, bem assim, da herança jacente e da parte que comprovar insuficiência de recursos e receber assistência judiciária integral e gratuita do Estado (CF/1988, art. 5º, LXXIV).

O benefício de isenção do preparo do recurso não se estende às empresas em liquidação extrajudicial. As empresas em liquidação extrajudicial são obrigadas a efetuar o preparo do recurso, sob pena de deserção.

87. PREVIDÊNCIA PRIVADA. Se o empregado ou seu beneficiário já recebeu da instituição previdenciária privada, criada pela empresa, vantagem equivalente, é cabível a dedução de seu valor do benefício a que faz jus por norma regulamentar anterior.

COMENTÁRIO. O TST faz menção à dedução do valor pago, e não à compensação do valor pago. A dedução da vantagem auferida pelo empregado ou seu beneficiário de instituição de previdência privada funda-se no princípio do não enriquecimento sem causa. Se o empregado ou seu beneficiário já foi contemplado com pagamento pela instituição de previdência privada, de vantagem equivalente à devida pelo regulamento anterior, é justo e razoável que as importâncias pagas sejam deduzidas. A ordem jurídica prestigia a boa-fé dos contratantes e condena o enriquecimento sem causa de qualquer deles. Impedir a dedução de parcelas de mesma natureza significaria onerar excessivamente uma das partes em detrimento da outra.

89. FALTA AO SERVIÇO. Se as faltas já são justificadas pela lei, consideram-se como ausências legais e não serão descontadas para o cálculo do período de férias.

COMENTÁRIO. As faltas praticadas pelo empregado, quando justificadas pela lei (CLT, art. 473), não podem ser levadas em conta no cálculo das férias e seu terço, nos termos do art. 130 da CLT. O mesmo raciocínio se aplica às faltas justificadas pelas normas coletivas de trabalho, pelo contrato individual de trabalho ou pelo regulamento de empresa, que não podem ser deduzidas dos períodos de férias.

90. TEMPO DE SERVIÇO. O tempo despendido pelo empregado em condução fornecida pelo empregador, até o local de trabalho de difícil acesso ou não servido por transporte público, e para seu retorno, é computável na jornada de trabalho.

COMENTÁRIO. O tempo gasto em condução da empresa até o local de trabalho de difícil acesso ou não servido por transporte público regular, e seu retorno, é computado na jornada de trabalho do empregado. Aplica-se, por analogia, o disposto no art. 4º da CLT. Durante o tempo em que o empregado permanece em condução da empresa, a caminho do trabalho, não tem liberdade alguma de agir, além de estar suprindo uma necessidade do empregador, em decorrência da necessidade dos serviços. Nesse caso, se o empregador não fornecer a condução, e se o empregado dela não se utilizar, o trabalho se inviabiliza. Assim, é justo e razoável que remunere o tempo de percurso, sob pena de ensejar prejuízos ao trabalhador.

91. SALÁRIO COMPLESSIVO. Nula é a cláusula contratual que fixa determinada importância ou percentagem para atender englobadamente vários direitos legais ou contratuais do trabalhador.

COMENTÁRIO. Traduz salário complessivo aquele que engloba uma série de verbas trabalhistas para efeito de um único pagamento, sem discriminar cada uma, nem o valor a ela inerente. Os recibos de pagamento devem indicar o nome da verba que está sendo paga ao empregado, com discriminação de seu valor. O pagamento complessivo é vedado pelo ordenamento jurídico, como se extrai do art. 477, § 2º da CLT. É direito do empregado saber o que está sendo pago e o valor correspondente a cada verba recebida. A presunção é que se ocorreu salário complessivo, é porque o empregador não pagou corretamente as verbas trabalhistas devidas ao seu empregado. Pacífico, portanto, que o empregador não pode pagar ao empregado salário complessivo, englobando uma série de verbas trabalhistas para efeito de um só pagamento, sem especificar a que se referem cada uma delas. Não se admite que num único pagamento, genericamente denominado 'complemento salarial', possam estar sendo quitados direitos como horas extras, adicional noturno e de insalubridade etc. O TST comina de nulidade a cláusula contratual que fixa determinada importância ou percentagem para atender englobadamente vários direitos legais ou contratuais do trabalhador. Todo recibo deve especificar o nome de cada verba paga ao empregado, com discriminação de seu valor. O recibo que após especificar uma ou mais verbas utiliza a locução "etc.", traduz pagamento complessivo, vedado em nosso direito, conforme interpretação extraída do art. 477, § 2º da CLT.

92. APOSENTADORIA. O direito à complementação de aposentadoria, criado pela empresa, com requisitos próprios, não se altera pela instituição de benefício previdenciário por órgão oficial.

COMENTÁRIO. O empregado que se aposenta por tempo de serviço ou por idade pode permanecer no emprego, pois não há lei impedindo a continuidade do vínculo nessas hipóteses. Quando o empregado se aposenta, por tempo de serviço ou idade, subsiste o contrato de trabalho, em todos os seus termos, inclusive para fins de manutenção das cláusulas contratuais e/ou regulamentares que disciplinam a complementação de aposentadoria. Não seria lógico e racional que a aposentadoria espontânea implicasse perda ou redução de direitos adquiridos na vigência do contrato. A complementação de aposentadoria é um valor que se soma à aposentadoria paga pela Previdência Social para assegurar ao trabalhador condições mínimas de sobrevivência, e visa a garantir ao empregado os proventos totais que tinha ao se aposentar. Portanto, uma coisa é o contrato ou o regulamento estipular benefícios e condições para a aposentadoria, outra é o benefício previdenciário concedido pelo órgão oficial. As disposições contratuais ou regulamentares que fixam regras para a complementação de aposentadoria são imutáveis, somente podendo ser alteradas por regras mais benéficas. O TST firmou entendimento de que a complementação de proventos de aposentadoria é regida pelas normas em vigor na data da admissão do empregado, observando-se as alterações posteriores desde que mais favoráveis ao beneficiário do direito (Enunciado n. 288). Qualquer alteração nas condições em que se acham os empregados, mesmo após a aposentadoria, é nula e não produz efeitos, somente podendo atingir os empregados contratados após a alteração (CLT, arts. 468 e 9º). Quando o empregado se aposenta por tempo de serviço ou por idade, por ter preenchidos os requisitos legais, nasce uma relação jurídica nova entre ele e o órgão oficial, e que não interfere no contrato de trabalho. O direito de trabalhar não guarda nenhuma relação com o direito aos benefícios previdenciários, e nem estes com o contrato de trabalho. As situações são distintas e inconfundíveis. A aposentadoria por idade ou por tempo de serviço não é causa de rescisão contratual. Se o empregador não quiser manter o empregado aposentado em serviço, deve rescindir o contrato e pagar as indenizações legais.

93. BANCÁRIO. Integra a remuneração do bancário a vantagem pecuniária por ele auferida na colocação ou na venda de papéis ou valores mobiliários de empresas pertencentes ao mesmo grupo econômico, se exercida essa atividade no horário e no local de trabalho e com consentimento tácito ou expresso, do banco empregador.

COMENTÁRIO. É entendimento pacífico nas lides trabalhistas que as comissões auferidas pelos empregados bancários pela colocação ou venda de papéis e/ou valores mobiliários de empresas pertencentes ao mesmo grupo econômico, no horário e no local de trabalho, integram a remuneração para todos os fins legais.

Com o capitalismo institucionalizaram-se os grupos econômicos, objetivando o fortalecimento das empresas agrupadas, o aumento da produção e dos lucros, e a redução dos custos. A união ou consórcio não prejudica a individualidade de cada empresa, no tocante aos direitos e obrigações, integralizando-se apenas as propriedades para serem utilizadas em comum. Os empregados passam a pertencer ao grupo, e muitas vezes não conseguem identificar quem é o seu real empregador. Quando as empresas se unem e passam a constituir uma só unidade econômica, o empregador passa a ser o grupo empresarial. Todas as empresas são solidariamente responsáveis para fins da relação de emprego, sem prejuízo da personalidade jurídica de cada uma delas, pois para a CLT (art. 2º, § 2º), grupo econômico significa empregador único.

Nos termos do art. 457, § 1º, da CLT, as comissões pagas como contraprestação do trabalho prestado têm natureza jurídica de salário, integram os repousos semanais e repercutem em todas as demais verbas auferidas na vigência do contrato de trabalho. As comissões remuneram o empregado pelo serviço realizado e repercutem no cálculo dos RSR's. Não é válido o pagamento do repouso semanal embutido nas comissões, porque configura salário complessivo, não admitido pelo direito.

A Lei n. 605/1949 nada diz sobre os repousos semanais dos empregados comissionistas. Diante da omissão da lei, a doutrina e a jurisprudência trabalhista se inclinaram pela aplicação das regras dos empregados tarefeiros (Lei n. 605/49, art. 7º, c). O repouso semanal do empregado remunerado sob a forma de comissões é calculado tomando-se por base as comissões a que teve direito no decorrer do mês, dividindo-se o valor pelo número de dias efetivamente trabalhados naquele período, multiplicando-se a importância assim encontrada pela quantidade de dias de repousos (domingos e feriados) do mês respectivo.

O valor das comissões deve ser corrigido monetariamente para em seguida obter-se a média para efeito de cálculo de férias, das gratificações natalinas e das verbas rescisórias.

96. MARÍTIMO. A permanência do tripulante a bordo do navio, no período de repouso, além da jornada, não importa presunção de que esteja à disposição do empregador ou em regime de prorrogação de horário, circunstâncias que devem resultar provadas, dada a natureza do serviço.

COMENTÁRIO. O art. 248 da CLT prevê que "Entre as horas 0 e 24 de cada dia civil, o tripulante poderá ser conservado em seu posto durante oito horas, quer de modo contínuo, quer de modo intermitente". Quando o tripulante permanece a bordo do navio, durante os períodos de repouso, a presunção é favorável ao empregador de que não está trabalhando. Se o empregado alega que prestou serviços nos períodos de repouso, deve provar esse fato (CLT, art. 818), pois constitutivo do direito a remuneração das horas extras. A presunção, nesse caso, não é admitida, conforme o entendimento do TST. Segundo o princípio ontológico da prova, o ordinário pode ser presumido como verdadeiro, porque tem a seu favor a voz universal das coisas e a experiência universal das pessoas, e o extraordinário necessita ser demonstrado, porque tem contra si a voz da experiência que nasce dos fatos vividos e sofridos. O Direito do Trabalho é protecionista do empregado, mas não afasta o seu dever de provar os fatos alegados, se sobre eles não recair nenhuma regra em que a inversão do ônus da prova é admitida.

97. APOSENTADORIA. COMPLEMENTAÇÃO. Instituída complementação de aposentadoria por ato da empresa, expressamente dependente de regulamentação, as condições desta devem ser observadas como parte integrante da norma.

COMENTÁRIO. Quando a complementação de aposentadoria é instituída pela empresa, porém condicionada a regulamentação posterior, somente após a expedição do regulamento o empregado adquire o direito à complementação. Quando a norma regulamentar é emitida, as condições desta são parte integrante da norma.

O art. 125 do CC diz que a eficácia do negócio jurídico subordinada à condição suspensiva, enquanto esta não verificar, não se terá adquirido direito, a que ele visa. Se o empregador institui regras para a complementação de aposentadoria dos empregados seus e, se expressamente determina a necessidade de regulamentação das condições estipuladas, somente após a regulamentação o direito à complementação pode ser exigido. A hipótese retrata negócio jurídico condicional, que deriva exclusivamente da vontade de uma das partes, qual seja, do empregador, ficando subordinado o efeito do negócio jurídico a evento futuro e incerto (CC, art. 121). Contudo, o art. 122 do CC diz que são defesas as condições que privarem de todo efeito o negócio jurídico, ou o sujeitarem ao puro arbítrio de ambas as partes. O art. 129 declara que reputa-se verificada, quanto aos efeitos jurídicos, a condição cujo implemento for maliciosamente obstado pela parte a quem desfavorecer, considerando-se, ao contrário, não verificada a condição maliciosamente levada a efeito por aquele a quem aproveita o seu implemento. Dessa forma, instituída a complementação de aposentadoria pelo empregador, e se a eficácia do ato depender de regulamentação, e esta for obstada por malícia ou má-fé do próprio empregador, o empregado tem direito a usufruir todas as vantagens que a norma programática tentou implementar. As condições iniciais contidas na norma que prevê a complementação de aposentadoria devem ser regulamentadas dentro de um prazo razoável, observando-se na edição do regulamento as diretrizes básicas do ato normativo, não podendo ser modificados os preceitos inicialmente e expressamente previstos, notadamente aqueles que não dependiam de regulamentação. Nesse caso, é preciso distinguir condição suspensiva de condição necessária, e direito adquirido com expectativa de direito eventual, imprimindo-se interpretação que seja mais favorável ao trabalhador. A preocupação maior, primeira e primordial, deve ser no sentido de evitar o aviltamento dos salários do empregado aposentado, por ato do empregador.

98. FGTS. INDENIZAÇÃO. EQUIVALÊNCIA. A equivalência entre os regimes de FGTS e da estabilidade prevista na CLT é meramente jurídica e não econômica, sendo indevidos valores a título de reposição de diferenças.

COMENTÁRIO. Em caso de extinção da empresa, fechamento do estabelecimento, filial ou agência, ou supressão da atividade da empresa, salvo por motivo de força maior, o empregado estável tem direito a indenização por rescisão do contrato, paga em dobro (CLT, arts. 497 e 498). A lei ressalva o direito adquirido dos trabalhadores que à data da promulgação da Constituição de 1988 tinham direito à estabilidade no emprego. O art. 14 da Lei n. 8.036/1990, em seu § 1º, diz que "o tempo do trabalhador não optante, anterior a 5 de outubro de 1988, em caso de rescisão sem justa causa pelo empregador, reger-se-á pelos dispositivos constantes dos arts. 478 e 497 da CLT". O § 2º esclarece ainda que "O tempo de serviço anterior à atual Constituição poderá ser transacionado entre empregador e empregado, respeitado o limite máximo de 60% (sessenta por cento) da indenização prevista".

A CLT não diz que a indenização devida ao empregado estável não optante pelo regime de FGTS deve guardar proporção exata aos recolhimentos de FGTS do período estabilitário. No silêncio da lei o TST firmou entendimento no sentido de que a equivalência entre a indenização e o FGTS é jurídica, e não econômica, sendo incabível o pedido de diferenças.

99. AÇÃO RESCISÓRIA. DESERÇÃO. PRAZO. Ao recorrer de decisão condenatória em ação rescisória, é ônus do empregador vencido efetuar, no prazo, no limite e nos termos da legislação vigente, sob pena de deserção, o depósito recursal.

COMENTÁRIO. No mesmo prazo de recurso o empregador vencido que pretenda recorrer da decisão proferida na ação rescisória deve comprovar o recolhimento do depósito da condenação, sob pena de não ser conhecido o seu apelo, por ocorrência do fenômeno jurídico denominado deserção. A falta de preparo implica ausência de pressuposto objetivo de admissibilidade do recurso, inviabilizando o seu conhecimento. O prazo para comprovação do depósito da condenação (CLT, art. 899, §§ 1º a 5º), é fixado pelo art. 7º da Lei n. 5.584/1970.

100. AÇÃO RESCISÓRIA. DECADÊNCIA. I – O prazo de decadência na ação rescisória conta-se do dia imediatamente subseqüente ao trânsito em julgado da última decisão proferida na causa, seja de mérito ou não. II – Havendo recurso parcial no processo principal, o trânsito em julgado dá-se em momentos e em tribunais diferentes, contando-se o prazo decadencial para a ação rescisória do trânsito em julgado de cada decisão, salvo se o recurso tratar de preliminar ou prejudicial que possa tornar insubsistente a decisão recorrida, hipótese em que flui a decadência, a partir do trânsito em julgado da decisão que julgar o recurso parcial. III – Salvo se houver dúvida razoável, a interposição de recurso intempestivo ou a interposição de recurso incabível não potrai o termo inicial do prazo decadencial.

COMENTÁRIO. O prazo de decadência para propositura da ação rescisória conta-se do dia imediatamente subseqüente ao trânsito em julgado da última decisão proferida na causa, seja de mérito ou não. Esclarece ainda o TST que, havendo recurso parcial no processo principal, o trânsito em julgado dá-se em momentos e em tribunais diferentes, contando-se o prazo decadencial do trânsito em julgado de cada decisão, salvo se o recurso tratar de preliminar ou prejudicial que possa tornar insubsistente a decisão recorrida, hipótese em que a decadência começa a fluir a partir do trânsito em julgado da decisão que julgar o recurso parcial. Exceto se houver dúvida razoável, a interposição de recurso intempestivo ou a interposição de recurso incabível não impede o termo inicial do prazo decadencial.

A decadência, assim como a prescrição, é punição imposta à parte que não demonstra interesse em acionar o judiciário para recompor as lesões sofridas ou impedir que sejam praticadas, dentro de um período de tempo razoável, fixado pela lei. No dizer de *Câmara Leal*, "a prescrição extingue diretamente as ações e só, indiretamente, os direitos; a dificuldade se adelgaça, e encontramos, desde logo, o primeiro traço diferencial entre a prescrição e a decadência: a decadência extingue, diretamente, o direito, e, com ele, a ação que o protege, ao passo que a prescrição extingue, diretamente, a ação, e, com ela, o direito que protege. A decadência tem por objeto o direito, é estabelecida em relação a este e tem por função imediata extingui-lo; a prescrição tem por objeto a ação, é estabelecida em relação a esta, e tem por função imediata extingui-la. A decadência é causa direta e imediata de extinção de direitos: a prescrição só os extingue mediata e indiretamente." [8]

---
(8) LEAL, A. L. C. *Da prescrição e da decadência: teoria geral de direito civil*. Rio de Janeiro: Forense, 1959, p. 100.

101. DIÁRIAS DE VIAGEM. SALÁRIO. Integram o salário, pelo seu valor total e para efeitos indenizatórios, as diárias de viagem que excedam a 50% do salário do empregado.

COMENTÁRIO. As diárias de viagem que excedam a 50% do salário mensal do empregado no mês em que forem pagas adquirem natureza salarial, independentemente de comprovação das despesas, uma vez que a lei não faz tal restrição. Caracterizada a natureza salarial das diárias, integram o cálculo das gratificações natalinas, das férias, dos repousos semanais, dos adicionais espontâneos e compulsórios, e do FGTS. A integração ao salário se faz sobre o total das diárias pagas e não apenas a parte que exceder a 50% do salário do mês respectivo (CLT, art. 457, § 2º).

102. BANCÁRIO. CAIXA. CARGO DE CONFIANÇA. O caixa bancário, ainda que caixa executivo, não exerce cargo de confiança. Se perceber gratificação igual ou superior a um terço do salário do posto efetivo, essa remunera apenas a maior responsabilidade do cargo e não as duas horas extraordinárias além da sexta.

COMENTÁRIO. A gratificação de caixa é devida ao empregado pelo exercício da função de caixa, tem natureza salarial e integra a remuneração para todos os fins legais. O simples fato de o empregado receber a gratificação de caixa não significa que exerce cargo de confiança, de forma a enquadrar-se na regra de exceção do § 2º do art. 224 da CLT. A duração da jornada de trabalho dos empregados que exercem a função de caixa é de seis horas contínuas, de segunda à sexta-feira, perfazendo trinta horas semanais. Gozam de intervalo de quinze minutos para repouso, o qual é incluído na jornada de seis horas diárias, não podendo ser acrescido ao final da jornada, em nenhuma hipótese. O recebimento da gratificação de caixa não afasta a jornada especial de trabalho de seis horas. O pagamento visa, tão-somente, à remunerar a maior responsabilidade do cargo, uma vez que os caixas bancários, por manusearem numerário, tem de ter atenção redobrada para não cometerem erros, além de permanecerem tensos pelo receio de serem abordados por marginais, o que causa um desgaste físico e mental mais acentuado, e que pode evoluir para um quadro grave de estresse.

106. APOSENTADORIA. FERROVIÁRIO. COMPETÊNCIA. É incompetente a Justiça do Trabalho para julgar ação ajuizada em face da Rede Ferroviária Federal, em que ex-empregado desta pleiteie complementação de aposentadoria, elaboração ou alteração de folhas de pagamento de aposentados, se por essas obrigações responde o órgão da previdência social.

COMENTÁRIO. A Constituição Federal definiu a competência da Justiça do Trabalho para conhecer a julgar dissídios entre empregados e empregadores e, estendeu-a também a outras controvérsias oriundas da relação de trabalho (CF/88, art. 114). Insere-se na competência da Justiça do Trabalho as demandas que envolvem matéria de natureza previdenciária e civil, apenas e exclusivamente quando se discute a aplicabilidade ou não de normas legais e/ou contratuais agregadas ao contrato de trabalho, tendo como partes, empregado e empregador e/ou empregados e empresas criadas e mantidas pelo empregador responsável pela complementação dos proventos de aposentadoria de seus empregados. Fora dessas hipóteses, não tem a Justiça do Trabalho competência para conhecer, instruir e julgar as matérias que tenham natureza previdenciária, principalmente quando quem responde pela obrigação de complementar é o órgão da previdência social oficial.

109. GRATIFICAÇÃO DE FUNÇÃO. O bancário não enquadrado no § 2º do art. 224 da CLT, que receba gratificação de função, não pode ter o salário relativo a horas extraordinárias compensado com o valor daquela vantagem.

COMENTÁRIO. O empregado bancário que cumpre jornada de trabalho de seis horas (CLT, art. 224) e que recebe gratificação de função, por mera liberalidade do empregador, não está obrigado a trabalhar além da 6ª hora diária, pelo simples fato de receber a gratificação. Se o empregador exigir uma jornada de trabalho mais elastecida, não poderá, de forma alguma, compensar as horas excedentes da jornada normal com o valor pago a título de gratificação. A gratificação de função e as horas extras são verbas trabalhistas que se destinam a remunerar atividades diversas e não podem ter o mesmo tratamento jurídico. A gratificação de função pertence ao gênero remuneração de incentivo, visa o trabalho prestado e tem por objetivo estimular a eficiência e a produção, enquanto as horas extras são acréscimos salariais que tem como causa o trabalho em condições mais gravosas para o trabalhador.

110. JORNADA DE TRABALHO. INTERVALO. No regime de revezamento, as horas trabalhadas em seguida ao repouso semanal de vinte e quatro horas, com prejuízo do intervalo mínimo de onze horas consecutivas para descanso entre jornadas, devem ser remuneradas como extraordinárias, inclusive com o respectivo adicional.

COMENTÁRIO. A lei fixou expressamente os espaços de tempo em que o empregado deve trabalhar e os que deve descansar (CLT, arts.

66 e seguintes). Os intervalos de descanso são regulados em lei, como necessários, para que o trabalhador possa recuperar as energias consumidas na jornada diária e semanal de trabalho. O trabalho contínuo, sem folgas, tem sido apontado como gerador de estresse, é agente causador de conseqüências danosas à saúde do empregado. Entre duas jornadas de trabalho, o empregado tem direito a um período mínimo de onze horas consecutivas para descanso. Esse intervalo é contado do momento em que o empregado encerra as suas atividades e prossegue até o início da jornada do dia seguinte. Tem por objetivo proporcionar ao trabalhador um descanso físico e mental e permitir um breve convívio familiar. Quando o empregado, em regime de revezamento, permanece trabalhando após a jornada estipulada, em prejuízo aos descansos legais de onze horas, tem direito a remuneração das extras trabalhadas após a jornada normal em seguida ao repouso de vinte e quatro horas, com o acréscimo de, no mínimo, 50%. Se o empregador pudesse exigir que o empregado trabalhasse continuadamente, sem repouso, por longo período de tempo, sem ter de pagar pelas horas trabalhadas em prejuízo dos intervalos, seriam absolutamente inócuos os dispositivos legais que os regulam.

111. EQUIPARAÇÃO SALARIAL. A cessão de empregados não exclui a equiparação salarial, embora exercida a função em órgão governamental estranho à cedente, se esta responde pelos salários do paradigma e do reclamante.

COMENTÁRIO: O Enunciado n. 111 admite a possibilidade de equiparação salarial entre empregados que prestam serviços em órgão governamental. Irrelevante, para o TST, a distinção contratual e institucional dos regimes quando a função é exercida em órgão governamental estranho à cedente, e é esta quem responde pelos salários do paradigma e do reclamante. A regra prevista no § 1º do art. 39 da Constituição Federal se destina tão-somente aos servidores enquadrados em regime jurídico único. Essa regra de exceção é no sentido de garantir isonomia de vencimentos para cargos de atribuições assemelhadas, pertencentes ao mesmo regime. Embora o art. 37, XIII, não autorize a equiparação de vencimentos no serviço público, é perfeitamente possível juridicamente a aplicação do princípio da isonomia quando os empregados são remunerados pela empresa cedente. A hipótese equipara-se ao regime privado, embora um dos sujeitos da relação contratual seja o órgão público.

A isonomia salarial decorre de previsão contida no art. 5º, *caput*, da CF/1988, pode advir de sucessão, trabalho temporário, terceirização ou cessão. Em se tratando de sucessão, a mudança na estrutura jurídica da empresa não afeta os contratos de trabalho dos empregados (CLT, arts. 10 e 448). No que tange ao trabalho temporário, embora os empregadores sejam diferentes, o trabalhador temporário tem direito a mesma remuneração auferida pelo empregado que exerça na tomadora ou cliente função idêntica (Lei n. 6.019/74). Quanto aos serviços terceirizados, o raciocínio não pode ser diferente, ou seja, os empregados contratados por empresas prestadoras de serviços tem direito aos mesmos salários daqueles que exercem na tomadora a mesma função.

112. TRABALHO NOTURNO. PETRÓLEO. O trabalho noturno dos empregados nas atividades de exploração, perfuração, produção e refinação do petróleo, industrialização do xisto, indústria petroquímica e transporte de petróleo e seus derivados, por meio de dutos, é regulado pela Lei n. 5.811/72, não se aplicando a hora reduzida de 52 minutos e 30 segundos prevista no art. 73, § 2º da CLT.

COMENTÁRIO. A Lei n. 5.811/72, que regula a atividade do petroquímico, estabelece o regime de revezamento como normal e usual, dadas as condições especiais das atividades petroquímicas. Prevê revezamento de oito ou de doze horas, permite a supressão do intervalo de alimentação, estabelece o regime de prontidão, fixa o adicional noturno em 20%, a concessão de alimentação e transportes gratuitos, com integração na remuneração, repouso após três turnos de trabalho, com duração de vinte e quatro horas, compensação de horário e outras condições, porém, nada diz sobre a redução da hora noturna. Assim, o entendimento do TST, no que tange a não aplicação da hora reduzida de 52 minutos e 30 segundos aos petroquímicos não pode ser aceita, uma vez que a Lei n. 5.811/1972 fez todas as exceções que pretendia fazer, não podendo o intérprete inserir outras exceções, principalmente, se implicam prejuízos ao trabalhador. Do princípio da proteção extrai-se a regra *in dubio pro operario*, que fixa diretrizes que conduzem à norma mais favorável e à condição mais benéfica. O princípio da proteção aconselha o intérprete a escolher, entre duas ou mais interpretações, a mais favorável ao trabalhador.

113. BANCÁRIO. SÁBADO. DIA ÚTIL. O sábado do bancário é dia útil não trabalhado, não dia de repouso remunerado. Não cabe a repercussão do pagamento de horas extras habituais em sua remuneração.

COMENTÁRIO. O empregado bancário tem jornada de trabalho fixada pela lei em seis horas diárias (CLT, art. 224), de segunda à sexta-feira, perfazendo trinta horas semanais, salvo em se tratando de empregado que exerce cargo de confiança, quando então cumpre jornada de oito horas (CLT, art. 224, § 2º). O sábado é considerado, pelo TST, como sendo dia útil não trabalhado. Sendo dia útil, nele não repercute as horas extras, mesmo as habituais, salvo previsão expressa no contrato individual de trabalho ou em normas coletivas de trabalho. Tal entendimento importa em inovação na ordem jurídica e na natureza das coisas, pois se o sábado é dia útil deveria ser trabalhado; se não é trabalhado e mesmo assim é remunerado só pode ser dia de repouso.

114. PRESCRIÇÃO INTERCORRENTE. É inaplicável na Justiça do Trabalho a prescrição intercorrente.

COMENTÁRIO. O § 1º do art. 884 da CLT faculta ao devedor, na execução, alegar o cumprimento da decisão ou do acordo e a quitação ou a prescrição da dívida. A doutrina e parte da jurisprudência inclinam-se pelo entendimento de que a prescrição a que se refere o § 1º do art. 884 da CLT é a intercorrente e se verifica no curso do processo, quando o credor mantém-se inerte, deixando de praticar os atos processuais destinados a satisfação de seu crédito, por um período de tempo superior a dois anos. Esse entendimento não se justifica e não tem embasamento jurídico, uma vez que a execução, no processo do trabalho, se realiza por impulso oficial. O juiz é quem, de ofício (CLT, art. 878), determina a prática de atos processuais tendentes a satisfação do direito do credor. Como a prescrição, decadência e preclusão não atinge os atos judiciais, apenas os atos das partes, não se pode falar, portanto, em prescrição intercorrente no processo do trabalho, muito menos, na fase de execução.

115. HORAS EXTRAS. GRATIFICAÇÕES SEMESTRAIS (nova redação). O valor das horas extras habituais integra a remuneração do trabalhador para o cálculo das gratificações semestrais.

COMENTÁRIO. A integração das horas extraordinárias se faz pelo valor médio relativo a cada verba trabalhista. Na gratificação semestral a integração se faz pela média corrigida das horas extras recebidas no período computado para fins de pagamento da gratificação, podendo ser mensal, semestral ou anual.

117. BANCÁRIO. CATEGORIA DIFERENCIADA. Não se beneficiam do regime legal relativo aos bancários os empregados de estabelecimento de crédito pertencentes a categorias profissionais diferenciadas.

COMENTÁRIO. Os empregados que trabalham em estabelecimentos bancários, e que integram categorias profissionais diferenciadas, não tem direito as vantagens asseguradas aos empregados bancários. Os exercentes das atividades previstas no Quadro Anexo a que se refere o art. 577 da CLT, por pertencerem a categorias diferenciadas — art. 511, § 3º —, têm estatuto profissional especial como conseqüência de condições de vida singulares, não se enquadrando no ramo da atividade preponderante da empresa. As categorias de trabalhadores diferenciadas contam com lei regulamentadora específica do exercício da profissão, têm atuação sindical distinta dos demais empregados, exatamente, por distinguirem-se dos empregados em geral.

Os empregados em bancos e casas bancárias, que trabalham como porteiros, telefonistas de mesa, contínuos e serventes têm direito ao regime especial de trabalho de seis horas (CLT, art. 226).

118. JORNADA DE TRABALHO. HORAS EXTRAS. Os intervalos concedidos pelo empregador na jornada de trabalho, não previstos em lei, representam tempo à disposição da empresa, remunerados como serviço extraordinário, se acrescidos ao final da jornada.

COMENTÁRIO. Incluem-se na duração do trabalho todo o período do contrato, inclusive, os intervalos concedidos pelo empregador destinados a repouso e alimentação, repousos semanais, feriados e férias, ou outros não especificados em lei. Durante a jornada de trabalho o empregado se coloca em disponibilidade perante o empregador, em decorrência da sujeição e da subordinação inerente aos contratos de trabalho. É computado na jornada diária de trabalho todo o tempo em que o empregado fica à disposição do empregador, e este pode dispor de sua força de trabalho, dentro de um período delimitado, inclusive nos intervalos não previstos em lei. O TST entende que os períodos de intervalo não previstos em lei representam tempo à disposição da empresa e devem ser remunerados como serviço extraordinário, se acrescidos ao final da jornada. Mas, não apenas os intervalos acrescidos ao final da jornada devem ser remunerados, e sim, todo o lapso de tempo entre o início e o fim de uma jornada diária. Sempre que o empregador concede ao empregado intervalos superiores aos previstos em lei, deve remunerar esse tempo, como horas extras, uma vez que durante os intervalos o empregado não tem livre disponibilidade de tempo, não podendo, por exemplo, prestar serviços a outro empregador, pois nos horários de intervalo a subordinação permanece. Contudo, se a atividade empresarial não exigir trabalho em tempo integral no decorrer do dia, como é o caso dos restaurantes, é possível a concessão de intervalos maiores que os previstos em lei, desde que a alteração da jornada seja objeto de acordo ou convenção coletivos. O art. 7º, XIII, da CF/1988 dispõe que toda negociação referente à jornada de trabalho deve ser regulada por acordo ou convenção coletivos de trabalho.

119. JORNADA DE TRABALHO. Os empregados de empresas distribuidoras e corretoras de títulos e valores mobiliários não têm direito à jornada especial dos bancários.

COMENTÁRIO. As empresas distribuidoras e corretoras de títulos e valores mobiliários não se equiparam a estabelecimentos bancários para os fins do art. 224 da CLT, de forma que os seus empregados cumprem jornada legal de oito horas diárias. Os empregados bancários e os das empresas distribuidoras e corretoras de títulos e valores mobiliários não exercem atividades idênticas. Os empregados bancários foram contemplados com regras especiais no tocante a jornada de trabalho em razão da atividade peculiar que desempenham, causadora de desgaste psicológico acentuado. Segundo *Eduardo Gabriel Saad*, "no caso dos bancários, o fator determinante do tratamento diferenciado que recebe na Consolidação é de natureza biológica. É inegável que ele está sujeito ao que se chama de fadiga psíquica. Seu trabalho exige, permanentemente, atenção e o traz sob extenuante tensão. Justo e compreensível, portanto, o que se dispõe em seu favor nos arts. 224, 225 e 226 da CLT".[9]

Para que o empregado faça jus aos direitos inerentes a determinada categoria profissional deve exercer funções similares, sob pena de ofensa ao princípio da igualdade. Portanto, os empregados das empresas distribuidoras e corretoras de títulos e valores mobiliários não equiparam-se aos bancários e não têm proteção especial da lei no tocante a jornada de trabalho, pois o produto do trabalho de cada qual tem destinação certa.

120. EQUIPARAÇÃO SALARIAL. DECISÃO JUDICIAL. Presentes os pressupostos do art. 461 da CLT, é irrelevante a circunstância de que o desnível salarial tenha origem em decisão judicial que beneficiou o paradigma, exceto se decorrente de vantagem pessoal ou de tese jurídica superada pela jurisprudência de Corte Superior.

---

(9) SAAD, E. G. *CLT comentada*. 29ª ed. São Paulo: LTr, 1996, p. 214.

COMENTÁRIO. O maior salário pago ao paradigma pode decorrer de sentença judicial que declarou o direito à equiparação salarial. Contudo, esse fato não é obstáculo à equiparação, salvo se o maior salário pago ao paradigma decorrer de vantagens pessoais oriundas de situação peculiar, como por exemplo, incorporação de adicionais, gratificações, prêmios, horas extras etc., vantagens que não foram estendidas a todos os empregados da empresa, e por essa razão, não podem ser concedidas por meio de equiparação salarial.

122. ATESTADO MÉDICO. REVELIA (nova redação). Para elidir a revelia, o atestado médico deve declarar expressamente a impossibilidade de locomoção do empregador ou de seu preposto no dia da audiência.

COMENTÁRIO. Diz o TST que não é documento apto para afastar os efeitos da revelia o atestado médico que não declara expressamente que o empregador ou seu preposto estava impossibilitado de se locomover no dia da audiência. É dispensável, contudo, constar no atestado médico o horário do atendimento médico, pois nem a lei, nem a jurisprudência, faz essa exigência.

A presença do advogado, com procuração e contestação, não afasta os efeitos da confissão, pois os arts. 843, § 1º, e 844 da CLT fazem referência expressa à pessoa do empregador. O advogado não pode, ao mesmo tempo, atuar como advogado e preposto, pois está impedido pelo seu código de ética (Lei n. 8.904/94).

124. BANCÁRIO. HORA DE SALÁRIO. DIVISOR. Para o cálculo do valor do salário-hora do bancário mensalista, o divisor a ser adotado é 180.

COMENTÁRIO. A regra geral que regula os contratos de trabalho dos empregados bancários é o art. 224 da CLT. O divisor mensal para o bancário é de 180 (6 horas multiplicadas por 30 dias). Embora o bancário não trabalhe aos sábados, a jurisprudência fixou o entendimento segundo o qual o sábado é dia útil não trabalhado (TST, Enunciado n. 113).

125. CONTRATO DE TRABALHO. ART. 479 DA CLT. O art. 479 da CLT aplica-se ao trabalhador optante pelo FGTS admitido mediante contrato por prazo determinado, nos termos do art. 30, § 3º, do Decreto n. 59.820, de 20.12.1966.

COMENTÁRIO. O Decreto n. 58.820/1966 regulamentou a Lei n. 5.107/1966, que criou o FGTS. Estabelece o art. 30, § 3º do decreto citado que "Na rescisão antecipada do contrato de trabalho por prazo determinado, de iniciativa da empresa, esta pagará ao empregado a eventual diferença entre o valor da indenização prevista no art. 479 da CLT, e o saldo da sua conta vinculada". Ao interpretar esse dispositivo legal, o TST reafirma o que ele já diz, declarando que o art. 479 da CLT aplica-se ao trabalhador optante pelo FGTS admitido mediante contrato por prazo determinado.

A Constituição generalizou o regime de FGTS, tornando obrigatórios os depósitos na conta vinculada do empregado a partir de sua vigência. Os contratos vigentes à época da promulgação da Constituição — 5.10.1988 —, em que os empregados não eram optantes pelo regime de FGTS, se rescindidos antecipadamente, tem o empregado direito a indenização prevista no art. 479 da CLT (Decreto n. 59.820/66, art. 30, § 3º). Para obter o valor da indenização, somam-se os valores depositados pelo empregador em sua conta e o depositado após 5.10.1988. Sendo menor o valor apurado, o empregador deve complementar a indenização, até atingir o montante previsto no art. 479 da CLT.

126. RECURSO. CABIMENTO. Incabível o recurso de revista ou de embargos (arts. 896 e 894, *b*, da CLT) para reexame de fatos e provas.

COMENTÁRIO. A competência para conhecer e julgar o recurso de revista é do TST, sendo oponível contra decisões proferidas em grau de recurso ordinário. Não é cabível, contudo, para reapreciação de fatos e provas, e quando houver divergência de interpretação de lei estadual, convenção ou acordo coletivo de trabalho, sentença normativa ou regulamento de empresa de observância obrigatória em área territorial que exceda a jurisdição do TRT prolator do acórdão.

O art. 896-A diz também que "O Tribunal Superior do Trabalho, no recurso de revista, examinará previamente se a causa oferece transcendência com relação aos reflexos gerais de natureza econômica, política, social e jurídica". O princípio da transcendência, concebido para justificar a subida de recursos de revista para o TST, atribui ao TRT a incumbência de decidir se as questões alegadas pelas partes são de transcendência política, social, econômica ou jurídica que ultrapasse seus exclusivos interesses. Impõe critérios para a subida do recurso de revista, permitindo que apenas os processos que transcendam o interesse dos litigantes cheguem ao TST.[10]

---

(10) MARTINS, I. G. S. *O princípio da transcendência em processo trabalhista:* www.jus.com.br, doutrina.

127. QUADRO DE CARREIRA. Quadro de pessoal organizado em carreira, aprovado pelo órgão competente, excluída a hipótese de equiparação salarial, não obsta reclamação fundada em preterição, enquadramento ou reclassificação.

COMENTÁRIO. A existência de quadro de pessoal organizado em carreira não impede o empregado de questionar judicialmente os critérios ou falta deles, para fins de enquadramento e/ou reclassificação. O quadro de carreira, desde que homologado pela autoridade competente, assegura aos empregados promoção alternada, ora por merecimento, ora por antigüidade. O reenquadramento pelo judiciário, em sentido contrário às normas de Plano de Cargos e Salários, embora possa traduzir injustificável interferência no poder de comando do empregador, assegurado na CLT, é possível, quando o empregador deixar de observar a norma interna que ele próprio se obrigou a cumprir, prejudicando o empregado. A reclassificação de cargos e salários, enquadramento profissional e outras alterações contratuais, são condições impostas pelos avanços tecnológicos. A experiência demonstra a necessidade de um dinamismo natural nas condições de trabalho, que se modificam, se aperfeiçoam e se transformam em busca de maior eficiência e atingimento de metas. O empregador pode implantar modificações no sistema de trabalho de seus empregados, alterar as condições inicialmente ajustadas, mas, desde que observe os limites de atuação previstos na norma que regulamenta o contrato de trabalho, respeite os bons costumes, a moral e a dignidade do empregado.

128. DEPÓSITO RECURSAL. COMPLEMENTAÇÃO DEVIDA. APLICAÇÃO DO INSTRUÇÃO NORMATIVA N. 3, II, DJ 12.3.1993 (nova redação). É ônus do recorrente efetuar o depósito legal, integralmente, em relação a cada novo recurso interposto, sob pena de deserção. Atingido o valor da condenação, nenhum depósito mais é exigido para qualquer recurso.

COMENTÁRIO. O depósito recursal é regulado pela Lei n. 7.701/1988, art. 899 da CLT e instrução normativa n. 3, do TST. A base de cálculo rege-se pela data de protocolização do recurso, devendo ser realizado integralmente a cada novo recurso, sob pena de não ser conhecido, por deserto. O prazo para a comprovação do depósito recursal é o mesmo do recurso (Lei n. 5.584/70, art. 7º). Atingido o valor da condenação, não pode mais ser exigido da parte, nenhum depósito para que possa exercer seu direito de recorrer.

129. CONTRATO DE TRABALHO. GRUPO ECONÔMICO. A prestação de serviços a mais de uma empresa do mesmo grupo econômico, durante a mesma jornada de trabalho, não caracteriza a coexistência de mais de um contrato de trabalho, salvo ajuste em contrário.

COMENTÁRIO. O TST autoriza o empregador a exigir do empregado trabalho também para outras empresas integrantes do mesmo grupo econômico. Mas, o que a primeira vista pode parecer normal muitas vezes não é. Em se tratando de relações de trabalho, primeiro é preciso perquirir qual é a intenção das partes, os usos e costumes do negócio e do lugar, a realidade do dia-a-dia, a forma de execução do trabalho, a habitualidade da prestação etc. O empregado tem o dever de colaboração para com o seu empregador, mas isso não significa que dele possa ser exigido trabalho alheio ao contrato, de forma permanente, o que implicaria alteração na forma e na natureza do trabalho contratado. As particularidades e características que envolvem a regra de pactuação que, pelo caráter de contratualidade que se reveste (CLT, arts. 442 e 444), não autoriza mudanças nas condições contratuais inicialmente ajustadas. O contrato de trabalho é um ato jurídico *lato sensu* que estabelece vínculos entre os contratantes, do qual derivam direitos e obrigações recíprocas. Portanto, submete-se ao acordo de vontades das partes contratantes, sob pena de negar o próprio conceito de contrato. O empregado assume o dever de ficar à disposição do empregador, e o contrato de trabalho se forma com a maneira de prestar serviços, horários, descansos etc. Os atos materiais relacionados com a realização do trabalho, integram a relação pela efetiva prestação. Na análise das condições contratuais, é preciso observar os elementos de fato, alguns posteriores a realização do contrato, para concluir pela existência desta ou daquela relação jurídica e legitimidade dessa relação. Não pode o empregador, de má-fé, transmudar os aspectos materiais do contrato para prejudicar o trabalhador ou para obter vantagem infinitamente superior àquela conferida ao trabalhador. Embora do art. 2º da CLT extraia-se a noção de grupo econômico como empregador único, se a prestação de serviços a mais de uma empresa, ainda que do mesmo grupo econômico, durante a mesma jornada de trabalho, implicar prejuízos ao trabalhador, de qualquer natureza, a exigência de prestar serviços em comum não se sustenta, o ato que determina a prestação é nulo e não produz efeitos, podendo o empregado se opor à alteração determinada. Há de ser observado, em qualquer caso, a regra da inalterabilidade das condições de trabalho, salvo se benéficas, e a vedação legal de alteração contratual prejudicial (CLT, art. 468).

132. ADICIONAL DE PERICULOSIDADE. O adicional de periculosidade pago em caráter permanente integra o cálculo de indenização.

COMENTÁRIO. O TST atribui natureza salarial ao adicional de periculosidade ao dizer que integra o cálculo de indenização. O empregado que presta serviços em condições perigosas, fica exposto a situações de risco. Tem direito, portanto, ao adicional de periculosidade e sua integração na remuneração para todos os fins legais, inclusive, para cálculo de indenizações, sejam elas de que natureza forem.

Os arts. 478 e 497 da CLT assegura ao empregado estável, mesmo em caso de extinção da empresa, fechamento do estabelecimento, filial ou agência, ou supressão da atividade da empresa, salvo por motivo de força maior, o direito a indenização por rescisão do contrato. A lei ressalva o direito adquirido dos trabalhadores que à data da promulgação da Constituição de 1988 tinham direito à estabilidade no emprego. No cálculo da indenização, o TST firmou entendimento no sentido de que o adicional de periculosidade deve integrar sua base de cálculo.

135. SALÁRIO. EQUIPARAÇÃO. Para efeito de equiparação de salários em caso de trabalho igual, conta-se o tempo de serviço na função e não no emprego.

COMENTÁRIO. O tempo de serviço não superior a dois anos exigido pelo art. 461 da CLT, como um dos pressupostos à equiparação, é contado na função e não no emprego. A contemporaneidade no exercício das idênticas funções é requisito essencial para o reconhecimento do direito à equiparação. Quando, embora idêntico o trabalho, é executado sucessivamente por dois empregados, esse fato não permite a equiparação. A lei não obriga o empregador a pagar ao empregado novo o mesmo salário pago ao sucedido. A manutenção do salário somente pode ser exigida se expressamente prevista por norma coletiva de trabalho ou pelo regulamento interno da empresa. Se a hipótese for de exercício da função em períodos distintos, os períodos podem ser somados. Outra situação que pode ocorrer é o empregador admitir empregado com salário mais elevado em detrimento dos mais antigos. Na ocorrência desse fato, podem os mais antigos pleitear judicialmente a equiparação salarial. O que não é permitido é o mais novo pretender o mesmo salário pago ao mais antigo, pois há presunção de maior habilidade técnica do empregado mais antigo em relação ao novo, porque conta com mais tempo na função. Para contagem de tempo de serviço na função adota-se a regra geral para contagem do tempo de serviço.

136. JUIZ. IDENTIDADE FÍSICA. Não se aplica às Varas do Trabalho o princípio da identidade física do juiz.

COMENTÁRIO. Segundo o princípio da identidade física do juiz, o juiz que iniciar a instrução da causa deve prosseguir no processo até o seu julgamento. O entendimento do TST e do STF (Súmula n. 222) é no sentido de que não se aplica às Varas do Trabalho o princípio da identidade física do juiz. Porém, após a extinção da representação classista na Justiça do Trabalho, discute-se se esse entendimento pode ser mantido. O TST entende que sim, pois não revogou o Enunciado n. 136, como fez com inúmeros outros Enunciados por meio da Resolução n. 121, de 28.10.2003. A não aplicação do princípio da identidade física do juiz nas Varas do Trabalho está em sintonia com os princípios específicos do processo do trabalho, como os da celeridade, economia dos atos processuais e simplicidade. O caráter alimentar do crédito trabalhista exige que o processo seja decidido no menor tempo possível. Assim, não seria lógico e razoável que nos períodos de férias, licenças ou outros afastamentos do juiz o processo ficasse parado, aguardando o retorno do juiz que primeiro atuou no processo.

138. READMISSÃO. Em caso de readmissão, conta-se a favor do empregado o período de serviço anterior, encerrado com a saída espontânea.

COMENTÁRIO. O art. 453 da CLT autoriza a soma dos períodos descontínuos de trabalho prestado ao mesmo empregador quando a rescisão é seguida de imediata readmissão, salvo se houver sido despedido por falta grave, recebido indenização legal ou se aposentado espontaneamente. Ao interpretar esse dispositivo legal, o TST posicionou-se no sentido de que a saída espontânea do empregado confere o direito a contagem do tempo de serviço anterior, quando readmitido. A presunção é de fraude à lei (CLT, art. 9º) quando o empregado é recontratado em curto espaço de tempo.

Nesse caso, a soma dos períodos trabalhados produz, entre outros efeitos, o de retificação das anotações da CTPS, para que conste na Carteira de Trabalho do empregado um único contrato de trabalho.

139. ADICIONAL DE INSALUBRIDADE. O adicional de insalubridade, pago em caráter permanente, integra a remuneração para o cálculo de indenização.

COMENTÁRIO. Adicionais são acréscimos salariais que tem como causa o trabalho em condições mais penosas. São considerados sobre-salário e devidos enquanto não afastada a causa que os justificam – trabalho em sobrejornada, em horário noturno, em condições insalubres ou perigosas etc. O adicional de insalubridade, assegurado ao trabalhador pela norma constitucional (art. 7º, XXIII) e infraconstitucional (CLT, art. 192), é parte integrante da remuneração para todos os fins legais.

140. VIGIA. É assegurado ao vigia sujeito ao trabalho noturno o direito ao respectivo adicional.

COMENTÁRIO. O vigia que presta serviços em horário noturno tem direito ao adicional noturno. O direito é assegurado pelos arts. 7º, IX, da Constituição Federal, e 73 da CLT, sem distinção a todos os empregados que trabalham em horário considerado pela lei como noturno. É considerado noturno, na atividade urbana, o horário das 22h00 de um dia às 5h00 do dia seguinte, e após as 5h00, quando prorrogado (CLT, art. 73, § 5º). O adicional corresponde a 20% do valor da remuneração da hora diurna, salvo se houver estipulação de percentual mais benéfico ao trabalhador no contrato individual de trabalho ou em normas coletivas de trabalho, quando então se aplica o adicional mais vantajoso. A hora noturna é considerada ficticiamente como sendo de 52 minutos e 30 segundos (CLT, art. 73, § 1º).

143. SALÁRIO PROFISSIONAL. O salário profissional dos médicos e dentistas guarda proporcionalidade com as horas efetivamente trabalhadas, respeitado o mínimo de 50 horas mensais.

COMENTÁRIO. A jornada de trabalho dos médicos e dentistas é regulada pelo art. 8º da Lei n. 3.999/1961, sendo, para os médicos e dentistas, no mínimo de duas horas e no máximo de quatro horas diárias, e para os auxiliares, de quatro horas diárias, com possibilidade de ser fixada além desse limite diário, desde que respeitado, proporcionalmente, o salário mínimo assegurado à categoria. Os médicos e dentistas têm o salário profissional fixado em três salários mínimos para as quatro primeiras horas de trabalho. Se trabalharem além desse horário, apura-se o valor da hora normal (para as quatro horas), acrescentando-se o adicional previsto em lei ou no contrato, para fins de se obter o valor da remuneração do trabalho em jornada diária. Não há, nesse caso, direito a hora extraordinária a partir da 4ª diária, pois segundo entendimento do TST, o salário dos médicos e dentistas deve guardar proporcionalidade com as horas trabalhadas, estipulando-se um mínimo de horas, e não, um máximo.

146. TRABALHO EM DOMINGOS E FERIADOS NÃO COMPENSADOS (nova redação). O trabalho prestado em domingos e feriados, não compensados, deve ser pago em dobro, sem prejuízo da remuneração relativa ao repouso semanal.

COMENTÁRIO. O empregado tem direito a um descanso semanal, sem prejuízo da remuneração desse dia. Esse descanso pode não coincidir com o domingo, sendo permitido, nas hipóteses previstas em lei, como é o caso dos empregados que prestam serviços públicos de transporte, ser gozado em outro dia da semana. Os feriados também são considerados dias de repouso remunerados; o empregado não trabalha, mas recebe a remuneração respectiva (Lei n. 605/1949).

Se o empregado trabalha em dia que por lei deveria estar descansando para repor suas energias, tem direito a receber as horas trabalhadas acrescidas de 100%, sem prejuízo da remuneração correspondente a esse dia, o que significa dizer que no final do mês tem direito ao pagamento do dia de repouso normal, mais o valor de um dia de trabalho, em dobro. Se outro fosse o entendimento, haveria prejuízos ao empregado, uma vez que estaria recebendo pelo dia trabalhado em prejuízo ao descanso semanal de forma simples.

A primeira vista a hipótese parece simples, mas não é, e deu origem a formação de duas correntes doutrinárias. Para a primeira, o tempo trabalhado que excede de 44 horas semanais é computado em relação a seis dias, já que o sétimo dia é destinado ao repouso, quando o empregado deve folgar ou receber em dobro pelo trabalho realizado. A segunda corrente entende que o excedente de 44 horas semanais é computado considerando-se todas as horas trabalhadas na semana, ainda que o empregado trabalhe em domingos sem folgas compensatórias, já que o trabalho realizado em domingos dá direito a horas extras com adicional de 50%, acrescidas do repouso, que é calculado em dobro. O TST adota a primeira corrente doutrinária.

148. GRATIFICAÇÃO NATALINA. É computável a gratificação de Natal para efeito de cálculo de indenização.

COMENTÁRIO. A gratificação natalina compõe o cálculo da indenização de antiguidade assegurada ao empregado não optante (CF/1988, art. 7º, I e CLT, arts. 477 e 478). Nesse sentido é também a Súmula 459 do STF. A indenização corresponde a um mês de remuneração para cada ano de trabalho prestado ao empregador, ou fração de tempo superior a seis meses.

149. TAREFEIRO. FÉRIAS. A remuneração das férias do tarefeiro deve ser calculada com base na média da produção do período aquisitivo, aplicando-se-lhe a tarifa da data da concessão.

COMENTÁRIO. Tarefeiro é o empregado que é remunerado por unidade de obra, ou seja, por produção ou tarefa. O § 2º do art. 142 da CLT diz que "quando o salário for pago por tarefa tomar-se-á por base a média da produção no período aquisitivo do direito a férias, aplicando-se o valor da remuneração da tarefa na data da concessão das férias". O Enunciado do TST reproduz o que a lei diz. O número de peças, ou tarefas, produzidas ou executadas pelo tarefeiro no período aquisitivo de férias é somado; após, divide-se o total de peças ou tarefas pelo número de dias trabalhados no período aquisitivo, apurando-se a média diária; na seqüência, multiplica-se a média obtida pelo valor da tarifa paga por peça ou tarefa, segundo tabela vigente no momento, encontrando-se, assim, o preço na data da fruição das férias, ou seja, o valor do salário-dia; por último, multiplica-se esse salário-dia médio pelo número de dias das férias, que deve ser acrescido de 1/3.[11]

152. GRATIFICAÇÃO. AJUSTE TÁCITO. O fato de constar do recibo de pagamento de gratificação o caráter de liberalidade não basta, por si só, para excluir a existência de ajuste tácito.

COMENTÁRIO. As gratificações pagas ao empregado, ainda que por mera liberalidade, faz presumir a existência de ajuste. Quando ajustadas, expressa ou tacitamente, as gratificações passam a integrar o contrato de trabalho, de forma a não ser possível a supressão posterior, sob pena de ofensa ao princípio da irredutibilidade salarial (CF/1988, art. 7º, VI), o que ensejaria alteração contratual prejudicial quanto a forma de remunerar (CLT, art. 468). O contrato de trabalho rege-se pela norma da condição mais benéfica, de modo que devem prevalecer as condições mais vantajosas para o trabalhador ajustadas no contrato, no regulamento de empresa ou em normas coletivas de trabalho. Segundo o princípio da primazia da realidade, a realidade dos fatos é que define a verdadeira relação jurídica que entrelaça os contratantes, ainda que o contrário esteja expresso, se não corresponder à realidade.

153. PRESCRIÇÃO. Não se conhece da prescrição não argüida na instância ordinária. Ex-prejulgado n. 27.

---

(11) SANTOS, J. A. *Cálculos de liquidação trabalhista*. Curitiba: Juruá, 2003, p. 247.

COMENTÁRIO. O art. 193 do CC estabelece que "A prescrição pode ser alegada em qualquer grau de jurisdição, pela parte a quem aproveita". Porém, o CPC é taxativo ao dizer, em seu art. 300, que o réu deve alegar na contestação toda a matéria de defesa. A prescrição é matéria de defesa, é preliminar de mérito. O art. 269, IV, do mesmo código, diz que o processo será extinto, com julgamento do mérito, quando o juiz pronunciar a decadência ou prescrição. Sendo a prescrição matéria de mérito, e tendo em vista os princípios que regem o processo, conclui-se que a prescrição deve ser alegada na contestação, sob pena de configurar-se renúncia tácita. Segundo a magistrada *Ilse Marcelina Bernardi Lora*, "Não se pode descurar, ainda, que a falta de invocação da matéria em contestação equivale à renúncia tácita à prescrição. A renúncia tácita resulta de fato incompatível com a vontade de invocar a prescrição. A falta de argüição, no momento da contestação, revela conduta incompatível com o desejo de invocar a prescrição, pelo que não pode ser admitida sua alegação extemporânea, em especial quando se tem presente que a prescrição não extingue o direito, mas apenas encobre sua exigibilidade".[12]

A CLT não tem regra expressa fixando o momento oportuno para a argüição da prescrição. Para superar a intensa controvérsia existente sobre até que momento a prescrição pode ser invocada, o TST firmou o entendimento de que a prescrição pode ser argüida na instância ordinária, sob pena de não ser conhecida. Por "instância ordinária" segundo a maioria dos doutrinadores, é o intervalo de tempo que vai desde o ajuizamento da ação até o julgamento do recurso pelo TRT. Se o empregador por qualquer motivo não argüiu em sua defesa a prescrição, poderá fazê-lo nas razões recursais e, até mesmo, nas razões orais feitas na tribuna de julgamento do recurso ordinário. Portanto, é inaplicável na Justiça do Trabalho o disposto no art. 193 do CC. A prescrição não pode ser argüida nos recursos de revista ou de embargos para o TST, ou nos recursos especial e extraordinário dirigidos ao STF, salvo com relação a esses últimos, se se tratar de dissídios de alçada e o recurso versar sobre matéria constitucional.

155. AUSÊNCIA AO SERVIÇO. As horas em que o empregado falta ao serviço para comparecimento necessário, como parte, à Justiça do Trabalho não serão descontadas de seus salários.

COMENTÁRIO. Se o empregado tem de comparecer à Justiça do Trabalho, para atuar em processo em que é parte, as horas de afasta-

---

(12) LORA, I. M. B. *A prescrição no direito do trabalho*. São Paulo: LTr, 2001, p 67.

mento para esse fim não podem ser tidas como falta injustificada ao serviço. A ausência deve ser tolerada pelo empregador, e abonada. É esse o posicionamento do TST.

156. PRESCRIÇÃO. PRAZO. Da extinção do último contrato começa a fluir o prazo prescricional do direito de ação em que se objetiva a soma dos períodos descontínuos de trabalho.

COMENTÁRIO. Quando o empregado celebra com o mesmo empregador mais de um contrato de trabalho, ainda que haja entre eles um intervalo de tempo, o art. 453 autoriza a unicidade dos contratos, hipótese em que são somados, e da extinção do último contrato é que começa a fluir o prazo de prescrição bienal. Como a lei e o TST não fazem nenhuma distinção sobre o período de tempo transcorrido entre os contratos, ainda que seja superior a dois anos, isso não prejudica a soma dos períodos descontínuos de trabalho, para fins de início da contagem do prazo prescricional. Cumpre ressaltar que as ações de natureza declaratória, como é o caso de contagem de tempo de serviço, são imprescritíveis.

157. GRATIFICAÇÃO. A gratificação instituída pela Lei n. 4.090/62 é devida na resilição contratual de iniciativa do empregado.

COMENTÁRIO. A gratificação natalina prevista no art. 7º, VIII da CF/1988 e na Lei n. 4.090/1962, é devida ao empregado que pede demissão. Exceto quanto o contrato de trabalho do empregado é rescindido por motivo de justa causa, nas demais hipóteses de terminação é assegurado o direito à gratificação natalina, integral ou proporcional, conforme o tempo de serviço do empregado aferido no momento da extinção do contrato.

158. AÇÃO RESCISÓRIA. Da decisão do TRT, em ação rescisória, é cabível recurso ordinário para o TST, em face da organização judiciária trabalhista. Ex-prejulgado n. 35.

COMENTÁRIO. Como a competência originária para o julgamento da ação rescisória, que tenha por objeto rescindir sentença de mérito de primeiro grau é do TRT, da decisão proferida pelo regional cabe recurso ordinário para o TST, observando-se, no que for cabível, os procedimentos previstos no regimento interno do TRT em que a decisão for proferida.

159. SUBSTITUIÇÃO (nova redação). Enquanto perdurar a substituição que não tenha caráter meramente eventual, inclusive nas férias, o empregado substituto fará jus ao salário contratual do substituído.

COMENTÁRIO. A substituição assegura ao substituto o direito aos salários do substituído, por imperativo legal (CF/1988, art. 7º, XXX, e CLT, arts. 358, 460 e 461). O período de férias não é eventual ou acidental, pois, é passível de programação pelo empregador. As substituições, que não sejam eventuais, asseguram ao substituto o mesmo salário do substituído. Eventuais são aquelas substituições que não estão e/ou não podem ser programadas, porque inesperadas.

160. APOSENTADORIA POR INVALIDEZ. Cancelada a aposentadoria por invalidez, mesmo após cinco anos, o trabalhador terá direito de retornar ao emprego, facultado, porém, ao empregador, indenizá-lo na forma da lei.

COMENTÁRIO. O período de afastamento em que o empregado fica vinculado ao seguro social é considerado licença não remunerada (CLT, art. 476). A aposentadoria por invalidez suspende o contrato de trabalho do empregado, assegurando-lhe a lei o direito ao emprego quando cancelada a aposentadoria. O TST entende que isso é possível mesmo após transcorridos mais de cinco anos de afastamento. Todavia, é faculdade do empregador manter ou não o empregado no emprego, podendo optar por indenizá-lo. A rescisão imotivada do contrato, ressalvadas as hipóteses de garantia de emprego expressas em lei, é uma prerrogativa assegurada pela ordem jurídica a seu titular, cujos efeitos podem ser alcançados mediante o exclusivo exercício de vontade. Se o empregador optar pela rescisão de contrato do empregado que retorna ao emprego após o cancelamento do benefício previdenciário, deve pagar-lhe as indenizações legais, entre as quais inserem-se o aviso prévio, sua projeção legal e a multa de 40% do FGTS.

161. DEPÓSITO. CONDENAÇÃO A PAGAMENTO EM PECÚNIA. Se não há condenação a pagamento em pecúnia, descabe o depósito de que tratam os parágrafos 1º e 2º do art. 899 da CLT.

COMENTÁRIO. Se a sentença não tem natureza condenatória, não fixa multa ou outras penalidades para o cumprimento de eventual obrigação de fazer ou de dar, ou pela litigância de má-fé, a parte vencida fica dispensada do depósito recursal (CLT, art. 899, §§ 1º e 2º). Somente em caso de condenação expressa na sentença em pecúnia, o depósito recursal é exigido (CLT, art. 899, §§ 1º e 2º).

163. AVISO PRÉVIO. CONTRATO DE EXPERIÊNCIA. Cabe aviso prévio nas rescisões antecipadas dos contratos de experiência, na forma do art. 481 da CLT.

COMENTÁRIO. Os contratos de experiência são regidos por cláusula resolutiva de tempo certo e determinado. Esses contratos podem conter cláusula assecuratória do direito recíproco de rescisão antes de expirando o termo ajustado. Se exercido o direito de rescisão, antes do prazo fixado para o fim do contrato, entende o TST que é cabível o aviso prévio. O aviso prévio, nesse caso, destina-se a garantir direitos contratuais.

164. PROCURAÇÃO. JUNTADA (nova redação). O não cumprimento das determinações dos parágrafos 1º e 2º do art. 5º da Lei n. 8.906/94 e do art. 37, parágrafo único no CPC importa o não conhecimento do recurso, por inexistente, exceto na hipótese de mandato tácito.

COMENTÁRIO. O TST entende que a não juntada de procuração pelo advogado na forma prevista em lei importa no não conhecimento do recurso, por inexistente, ressalvando apenas a hipótese de mandato tácito. A situação é a mesma quando o advogado pratica qualquer ato no processo, em primeira instância, sem apresentar o instrumento do mandato. Se subscrever a inicial, o processo será extinto sem julgamento de mérito, por ausência de um dos pressupostos processuais; se a defesa, não será conhecida, aplicando-se ao réu a pena de confissão quanto a matéria de fato.

O art. 692 do CC dispõe que "O mandato judicial fica subordinado às normas que lhe dizem respeito, constantes da legislação processual, e, supletivamente, às estabelecidas neste Código". O art. 37 do CPC é imperativo ao afirmar que sem instrumento de mandato o advogado não será admitido a procurar em juízo, e o art. 5º, da Lei n. 8.906/1994, diz que "O advogado postula, em juízo ou fora dele, fazendo prova do mandato". Se o advogado não observa as normas legais aplicáveis ao exercício de sua profissão, e pratica ato em juízo sem o instrumento de mandado, os atos praticados são considerados inexistentes. A atuação dolosa ou culposa do advogado, que causa prejuízo a parte que representa, pode ensejar sua responsabilização pelos danos que causar (Lei n. 8.906/1994, art. 32).

O processo do trabalho admite o mandato tácito e se materializa com a presença do advogado na audiência acompanhando a parte. Em se tratando de mandato tácito, o substabelecimento não é possível, pois não há poderes autorizando o substabelecimento e, no silêncio, presume-se a não concordância da parte para que o advogado constituído tacitamente substabeleça.

166. BANCÁRIO. CARGO DE CONFIANÇA. JORNADA DE TRABALHO. O bancário que exerce a função a que se refere o parágrafo 2º do art. 224 da CLT e recebe gratificação não inferior a um terço de seu salário já tem remuneradas as duas horas extraordinárias excedentes de seis.

COMENTÁRIO. O empregado bancário que exerce funções de direção, gerência, fiscalização, chefia ou equivalentes, e que recebe gratificação de função não inferior a 1/3 do salário do cargo efetivo, está excluído da jornada especial de seis horas prevista no *caput* do art. 224 da CLT, inserindo-se no § 2º do mesmo dispositivo, com jornada normal de oito horas. Essa regra não é, contudo, absoluta. Para que o empregado bancário seja enquadrado na regra do § 2º do art. 224, deve efetivamente exercer função de confiança. As reais condições de trabalho devem demonstrar o exercício efetivo do cargo de confiança, não sendo suficiente, para que seja excluído da jornada reduzida, que aparente exercer cargo de confiança e receba gratificação de função não inferior a 1/3 de salário do cargo efetivo. A prova das condições de trabalho é que vai revelar o enquadramento do empregado em uma ou outra regra jurídica, para fins de aferição da jornada de trabalho. Aplica-se, nesse caso, o princípio da primazia da realidade.

170. SOCIEDADE DE ECONOMIA MISTA. CUSTAS. Os privilégios e isenções no foro da Justiça do Trabalho não abrangem as sociedades de economia mista, ainda que gozassem desses privilégios anteriormente ao Decreto n. 779/69.

COMENTÁRIO. As sociedades de economia mista são criadas por lei, com personalidade jurídica de direito privado, e se destinam a exploração de atividade econômica. Sujeitam-se ao regime de direito privado, inclusive quanto às obrigações tributárias e trabalhistas (CF/1988, art. 173). Não gozam de privilégios fiscais extensivos ao setor público, inserindo-se na mesma regra aplicável ao setor privado. Na Justiça do Trabalho, não contam com nenhum privilégio ou isenções. Se forem condenadas, ainda que em parte mínima do pedido, devem recolher as custas e efetuar o depósito prévio da condenação, sob pena de ser declarado deserto o recurso que interpuserem contra a decisão.

171. FÉRIAS PROPORCIONAIS. CONTRATO DE TRABALHO. EXTINÇÃO (nova redação). Salvo na hipótese de dispensa do empregado com justa causa, a extinção do contrato de trabalho sujeita o empregador ao pagamento da remuneração das férias proporcionais ainda que incompleto o período aquisitivo de 12 meses (art. 142, parágrafo único, combinado com o art. 132 da CLT).

COMENTÁRIO. O empregado despedido sem justa causa, antes de completar doze meses de serviço tem direito à remuneração relativa ao período incompleto de férias (CLT, art. 147). Quando o empregado conta com menos de doze meses de serviço e pede demissão, a hipótese é a mesma, e tem ele direito a férias proporcionais. O pedido de demissão não implica supressão de direitos, pois isso importaria em punição ao empregado pelo simples fato de exercer um direito seu, qual seja, de não pretender mais permanecer no emprego. O rompimento do contrato é um direito potestativo, tanto do empregador, quanto do empregado. Trata-se de uma faculdade assegurada pela lei ao titular do direito, de alcançar os efeitos jurídicos pretendidos, mediante o exclusivo exercício de vontade. Além do mais, se o empregado pede demissão após completar um ano de serviço tem direito a férias proporcionais. Portanto, o tratamento não poderia ser diferente se contar com menos tempo de serviço. Nos dois casos o empregado não completa o período aquisitivo e, em tese, não teria adquirido o direito. Entendimento contrário importaria atribuir tratamento desigual a situações idênticas. O TST, com a nova redação dada aos Enunciados n. 171 e n. 261, excepciona apenas a hipótese em que o empregado é dispensado com justa causa, quando então perde o direito a férias proporcionais.

172. REPOUSO REMUNENADO. HORAS EXTRAS. CÁLCULO. Computam-se no cálculo do repouso remunerado as horas extras habitualmente prestadas.

COMENTÁRIO. As horas extras habituais incidem nos RSR's, nos termos da alínea a do art. 7º da Lei n. 605/1949. O art. 7º da Lei n. 605/1949 dispõe que a remuneração do repouso corresponde, para os que trabalham por dia, semana, quinzena ou mês, a um dia de serviço, computadas as horas extraordinárias habitualmente prestadas. Os reflexos das horas extras são apurados pelo número físico de horas extras prestadas no dia, semana ou mês, e não, pela média de valores, propiciando, assim, a apuração do valor correto devido ao empregado.

173. SALÁRIO. EMPRESA. CESSAÇÃO DE ATIVIDADES. Extinto, automaticamente, o vínculo empregatício com a cessação das atividades da empresa, os salários só são devidos até a data da extinção.

COMENTÁRIO. Em caso de extinção do contrato de trabalho em razão da cessação das atividades da empresa, os salários só são devidos até a data da extinção. O entendimento do TST deixa sem resposta os casos em que o empregado goza de estabilidade ou garantia de emprego. Discute-se na doutrina e a jurisprudência também não é pacifica se a extinção das atividades da empresa extingue também as estabilidades e as garantias de emprego previstas em lei. O entendimento que mais se coaduna com os princípios do direito do trabalho é de que a extinção da empresa decorrente de crise econômica no ramo de atividade explorado pelo empregador, inclusive, falência, não retira do empregado o direito à garantia ou estabilidade no emprego, pois tais circunstâncias não guardam nenhuma relação com o contrato de emprego, além de constituir risco do negócio (CLT, art. 2º da CLT), que deve ser suportado pelo empregador, jamais pelo empregado. Nos casos de cessação das atividades da empresa, o empregado com direito assegurado ao emprego deve ser indenizado, indenização que deve corresponder ao pagamento dos salários e demais vantagens devidas até o termo final da estabilidade ou da garantia de emprego. No caso de empregado eleito para cargo de comissão interna de prevenção de acidentes, a indenização abrange o período compreendido desde o registro de sua candidatura até um ano após o final de seu mandato; da empregada gestante, desde a confirmação da gravidez até cinco meses após o parto; do dirigente sindical desde a comunicação da candidatura à eleição sindical até um ano após o término do mandato; do empregado vitimado por acidente de trabalho, até doze meses após a alta médica; dos membros efetivos e suplentes do Conselho Curador do FGTS, desde a nomeação até um ano após o final do mandato; dos membros efetivos e suplentes do Conselho Nacional de Previdência Social, desde a nomeação até um ano após o final do mandato; dos membros efetivos e suplentes da Comissão de Conciliação Prévia, desde a nomeação até um ano após o final do mandato. Outras hipóteses podem ser contempladas em Convenção ou Acordo Coletivo de Trabalho, no regulamento da empresa ou no contrato individual de trabalho.

    O dirigente sindical tem estabilidade provisória no emprego e somente pode ser demitido por meio de inquérito judicial, que apure a existência de elementos justificadores da demissão. A garantia de emprego do dirigente sindical se justifica como meio de evitar represálias patronais. O empregado eleito para cargo sindical busca criar garantias à classe representada e poderia então, sofrer represálias inclusive, ser demitido aleatória e arbitrariamente, pelo simples fato de defender interesses da classe que representa. Conferiu-lhe a lei garantias e possui estabilidade no emprego desde a candidatura até um ano após o término do mandato (CLT, art. 543, § 3º e art. 8º, inciso VIII da Constituição Federal). Os empregados que exercem cargo de direção de comissões internas de acidentes, precedida de processo eleitoral (CLT, art. 164, § 2º), e aqueles que embora não eleitos, como é o caso do presidente da CIPA que é indicado pelo empregador, têm garantia de emprego. A norma coletiva de trabalho pode prever outros tipos de estabilidade ou de garantia de emprego além daqueles previstos em lei, como por exemplo, estabilidade pré-aposentadoria. As normas coletivas de algumas categorias profissionais asseguram o direito ao emprego do empregado que está próximo de adquirir a aposentadoria ou outra garantia de emprego. Há presunção de malícia quando empregado é dispensado quando está a poucos meses de se aposentar ou de adquirir garantia de emprego prevista em lei, regulamento de empresa ou em norma coletiva de trabalho.

O que distingue a estabilidade da mera garantia de emprego é a forma exigida pela lei para rescisão do contrato de trabalho. Se se tratar de estabilidade, a lei exige inquérito para apuração da falta grave. A ação de inquérito para apuração de falta grave é uma característica que diferencia a estabilidade e a mera garantia de emprego. Gestantes e cipeiros estão sujeitos a imediato desligamento, independente de inquérito. Por sua vez, os estáveis decenais, os dirigentes sindicais (arts. 8º, VIII, da CF, e 543, § 3º, da CLT), os diretores de cooperativas de créditos (art. 55 da Lei n. 5.764/71) e todos aqueles a que o legislador remete a apuração de falta grave aos termos, formas ou meios legais (Lei n. 8.036/90, art. 3º, § 9º e art. 65 do Dec. n. 99.684/90), somente podem ser despedidos mediante ação de inquérito, formalidade imprescindível para rescindir o contrato. Durante a ação, o empregado pode ou não ficar suspenso (CLT, art. 494). Se o empregador optar pela suspensão do empregado, terá prazo decadencial de 30 dias para o ajuizamento do inquérito (Súmula n. 403 do STF). Não o fazendo, a reintegração é imperativa, ficando o empregador impedido de suspender novamente o empregado ou demiti-lo, salvo diante de novos fatos e provas. Não havendo suspensão do empregado, o prazo é o mesmo.

Com o advento da Lei n. 8.213/91 a concessão da aposentadoria não mais se vincula ao afastamento do empregado dos serviços. Assim, o empregado pode permanecer trabalhando embora aposentado, principalmente quando possui garantia de emprego prevista em norma legal.

176. FUNDO DE GARANTIA. LEVANTAMENTO DO DEPÓSITO (nova redação). A Justiça do Trabalho só tem competência para autorizar o levantamento do depósito do FGTS na ocorrência de dissídio entre empregado e empregador.

COMENTÁRIO. Discorrendo sobre a competência da Justiça do Trabalho, o Ministro João Oreste Dalazen esclarece que "Em face do que dispõe o art. 114 da CF/88, sabe-se que, abstraindo-se os dissídios coletivos, essencialmente toca à Justiça do Trabalho compor os litígios entre empregados e empregadores, bem assim os que derivem do cumprimento de suas próprias sentenças. Portanto, o que dita a competência material da Justiça do Trabalho é a qualidade jurídica ostentada pelos sujeitos do conflito intersubjetivo de interesses: empregado e empregador. Se ambos comparecem em Juízo como tais, inafastável a competência dos órgãos desse ramo especializado do Poder Judiciário nacional, independentemente de perquirir-se a fonte formal do Direito que ampara a pretensão formulada. Vale dizer: a circunstância de o pedido alicerçar-se em norma de Direito Civil, em si e por si, não tem o condão de afastar a competência da Justiça do trabalho se a lide assenta na relação de emprego, ou dela decorre. Do contrário, seria inteiramente inócuo o preceito contido no art. 8º, parágrafo único da CLT, pelo qual a Justiça do Trabalho pode socorrer-se do "direito comum" como "fonte subsidiária do Direito do Trabalho". Se assim é, resulta evidente que a competência da Justiça do Trabalho não se cinge a dirimir dissídios envolvendo unicamente a aplicação do Direito do Trabalho, mas todos aqueles, não criminais, em que a disputa se dê entre um empregado e um empregador nesta qualidade jurídica" (Revista de Direito do Trabalho, n. 77, pp. 43/55).

Em se tratando de dissídios em que o empregado pleiteia o levantamento do FGTS depositado em sua conta vinculada, tendo como parte passiva da relação processual o empregador, a Justiça do Trabalho é competente para autorizar ou não o levantamento das importâncias depositadas. Não sendo esta a hipótese, a Justiça do Trabalho não é competente para o julgamento do pedido. Quando o empregado pretende o levantamento do FGTS por motivos distanciados do contrato de trabalho, v.g., por ter contraído doença incurável, a competência para autorizar ou negar o levantamento não é da Justiça do Trabalho, embora a matéria tenha relação com o contrato de emprego. A determinação da competência, nesse caso, não depende da natureza da lide, mas sim, do direito reclamado, que embora tenha relação com o contrato, subordina-se a outros eventos ou circunstâncias.

178. TELEFONISTA. ART. 227, E PARÁGRAFOS, DA CLT. APLICABILIDADE. É aplicável à telefonista de mesa de empresa que não explora o serviço de telefonia o disposto no art. 227, e seus parágrafos, da CLT.

COMENTÁRIO. Goza da mesma proteção da lei (CLT, art. 227), não só o empregado que trabalha em empresas que exploram o serviço de telefonia, mas também, segundo o TST, a telefonista de mesa. A analogia empregada pelo TST, estendendo os privilégios da lei ao telefonista de mesa, pode também ser aplicada a todo aquele que trabalha ao telefone, utilizando-o como instrumento de trabalho. O vendedor de *telemarketing* faz uso do aparelho de telefone durante toda a jornada de trabalho, fazendo e recebendo ligações, empreendendo conversas com clientes, convencendo-os a adquirir os produtos da empresa. O objetivo do trabalho não é outro, senão a realização de vendas, e estas não se concretizam sem o aparelho de telefone. O art. 227 da CLT tem em vista não a finalidade da empresa, que explora o serviço de telefonia, mas o trabalho do empregado em si. A telefonista, independentemente de trabalhar em empresas que explorem o serviço de telefonia, ou de mesa, tem direito a jornada especial de trabalho prevista no art. 227 da CLT. É telefonista aquele que faz uso do aparelho telefônico para exercer suas atividades normais, independentemente da intensidade de trabalho executado ao telefone ou de ser a empresa possuidora de PABX. É suficiente, para aplicação do art. 227 da CLT, que o telefone ou conjunto deles exijam do empregado o mesmo esforço despendido pela telefonista das empresas que exploram os serviços de telefonia, ou seja, que a atividade seja capaz de causar acentuado desgaste físico e psicológico.

182. AVISO PRÉVIO. INDENIZAÇÃO COMPENSATÓRIA. LEI N. 6.708, DE 30.10.79. O tempo do aviso prévio, mesmo indenizado, conta-se para efeito da indenização adicional prevista no art. 9º da Lei n. 6.708/83.

COMENTÁRIO. No período do aviso prévio, trabalhado ou não, o empregado faz jus em receber a respectiva remuneração. O contrato de trabalho não se extingue no momento em que o aviso prévio é comunicado, seja pelo empregado, seja pelo empregador. Perduram, no período do aviso, as obrigações do empregado, em prestar trabalho, e do empregador, em pagar salários. O aviso prévio projeta-se no tempo para fins de cálculo de férias, gratificação natalina, FGTS, anotações em CTPS, e também para efeito de aquisição do direito à indenização adicional prevista no art. 9º da Lei n. 6.708/1983.

184. EMBARGOS DECLARATÓRIOS. OMISSÃO EM RECURSO DE REVISTA. PRECLUSÃO. Ocorre preclusão se não forem opostos embargos declaratórios para suprir omissão apontada em recurso de revista ou de embargos.

COMENTÁRIO. Preclusão significa perda ou extinção de uma faculdade assegurada em lei para o exercício de uma pretensão. A doutrina classifica as preclusões em temporal, lógica e consumativa. Na primeira a parte perde o direito de praticar o ato pelo decurso do prazo. Na segunda, o direito de praticar o ato perece em razão de incompatibilidade do ato que se pretende praticar com outro anteriormente praticado. Na terceira hipótese, a parte não pode mais praticar o ato porque já foi praticado. A preclusão retratada no Enunciado n. 184 do TST é a temporal. Segundo o TST, se não forem opostos embargos de declaração para suprir omissão no julgado, ocorre a preclusão. Incumbe à parte, no prazo de lei, interpor embargos declaratórios para que o Tribunal supra a omissão, sob pena de preclusão. Nos termos do art. 535, do CPC, os embargos de declaração têm por escopo expungir do julgamento obscuridades e/ou contradições e suprir omissões. Nesse último caso, é possível conferir-lhes efeito modificativo ou infringente.

186. LICENÇA-PRÊMIO. CONVERSÃO EM PECÚNIA. REGULAMENTO DA EMPRESA (nova redação). A licença-prêmio, na vigência do contrato de trabalho, não pode ser convertida em pecúnia, salvo se expressamente admitida a conversão no regulamento da empresa.

COMENTÁRIO. A licença-prêmio distingue-se, substancialmente, dos prêmios e gratificações, pois não representa salário suplementar. Os prêmios e as gratificações pertencem ao gênero remuneração de incentivo, visam o trabalho prestado e a eficiência futura, e servem de estímulo à produção. Ainda que condicionados a determinadas peculiaridades da prestação do trabalho, e pagos por méritos do empregado, os prêmios e as gratificações integram a remuneração para todos os fins legais. A licença-prêmio, ao contrário, não se materializa em um pagamento, e sim em descanso. Tem por objetivo a recuperação das energias do empregado após longo período trabalhado, pois a ausência de descansos regulares causa prejuízos à saúde do empregado, propicia o estresse, em razão do grande desgaste sofrido pelo organismo, pelo labor contínuo após grande espaço de tempo. Para o empregador essa situação não é benéfica, pois implica queda na produção.

Quando o empregador não concede férias regulares ao empregado, se extinto o contrato de trabalho deve ressarci-lo por tais períodos, sendo essa uma forma de penalizar o empregador pela não observação do texto legal. Tratamento idêntico deve ser dado à licença-prêmio. A licença-prêmio, na vigência do contrato de trabalho, não deve ser convertida em pecúnia, salvo se expressamente admitida a conversão no regulamento da empresa. Se extinto o contrato de trabalho e a licença-prêmio não foi gozada, o empregador deve indenizar o empregado por tais períodos de tempo. Entendimento contrário implicaria desconstituir a natureza do instituto.

187. CORREÇÃO MONETÁRIA. INCIDÊNCIA. A correção monetária não incide sobre o débito do trabalhador reclamante.

COMENTÁRIO. A correção monetária visa a recompor monetariamente o débito. Mas, se é o empregado quem está em débito para com seu empregador, o TST entende que sobre esse débito não incide a correção monetária. No processo do trabalho o entendimento predominante é no sentido de não se admitir a compensação de verbas trabalhistas com outras, de natureza jurídica distintas, e preservar a integralidade dos salários. Dessa forma, dificilmente ocorrerá a hipótese em que empregado seja condenado a quitar débito em que o credor é o empregador.

188. CONTRATO DE TRABALHO. EXPERIÊNCIA. PRORROGAÇÃO. O contrato de experiência pode ser prorrogado, respeitado o limite máximo de 90 dias.

COMENTÁRIO. O contrato de experiência que exceder a noventa dias, passa a vigorar sem determinação de prazo. O contrato de experiência deve, necessariamente, ser escrito (CLT, art. 29), assim como sua prorrogação, que deve ser feita no tempo oportuno. É admitido apenas como contrato preliminar ou de prova, destinado a propiciar às partes um conhecimento recíproco, antes da formação do vínculo definitivo. Quando não visa à avaliação da aptidão e da capacidade técnica do empregado, converte-se em contrato por prazo indeterminado. O empregador não pode fazer uso da força de trabalho do empregado por um determinado período de tempo, para a realização de serviços específicos, ou apenas para a conclusão de determinada obra, utilizando-se do contrato de experiência. Sempre que o empregador utiliza o contrato de experiência para atingir outras finalidades, age de má-fé e em fraude à lei. Se há conhecimento prévio da quantidade de trabalho necessário e do tempo que será gasto para executá-lo, o contrato de experiência é impróprio, e se for utilizado, evidente que irá revelar a intenção de mascarar as condições de trabalho, com objetivos ilícitos (CLT, art. 9º). Nesse caso, o contrato de experiência não é válido, sendo devidas todas as verbas trabalhistas ao empregado, como se indeterminado fosse o contrato.

189. GREVE. COMPETÊNCIA DA JUSTIÇA DO TRABALHO. ABUSIVIDADE (nova redação). A Justiça do Trabalho é competente para declarar a abusividade, ou não, da greve.

COMENTÁRIO. O art. 2º da Lei n. 7.783/1989 diz que greve é a "suspensão coletiva, temporária e pacífica, total ou parcial, de prestação pessoal de serviços a empregador". Trata-se de um legítimo instrumento de pressão, que visa a alcançar objetivos concretos, e deve ser exercido de forma pacífica. Condutas ilícitas como coerção, pressão, agressão física, sabotagem etc., e a não observância aos limites impostos pela lei, como por exemplo, atendimento das necessidades inadiáveis da comunidade, retratam o exercício abusivo de um direito assegurado pela ordem jurídica, destinado a alcançar efeitos jurídicos que de outra forma, não seriam alcançados.

A Justiça do Trabalho é competente para declarar ou não a abusividade da greve. Compete à Justiça do Trabalho analisar se os requisitos exigidos para o exercício legítimo do direito de greve foram observados, se os direitos e as obrigações das partes envolvidas diretamente estão sendo respeitados, bem como os direitos da comunidade, dizer, enfim, se o movimento grevista extrapolou ou não os limites de ação previstos em lei.

190. PODER NORMATIVO DO TST. CONDIÇÕES DE TRABALHO. INCONSTITUCIONALIDADE. DECISÕES CONTRÁRIAS AO STF. Ao julgar ou homologar ação coletiva ou acordo nela havido, o TST exerce o poder normativo constitucional, não podendo criar ou homologar condições de trabalho que o STF julgue iterativamente inconstitucionais.

COMENTÁRIO. Os dissídios coletivos de trabalho são ações que se destinam a solucionar conflitos coletivos de trabalho. A competência para o julgamento do dissídio coletivo é originariamente dos Tribunais Regionais do Trabalho quando instaurados na região de sua jurisdição; se exceder os limites de sua jurisdição, passa a ser do TST.

No julgamento dos dissídios coletivos o judiciário exerce um poder normativo, pois tem legitimidade para decidir sobre direitos e obrigações de grande número de trabalhadores, podendo criar novas condições de trabalho e de remuneração para toda a categoria profissional. O exercício do poder normativo não significa poder de criação do direito. Quando o legislador concedeu ao judiciário legitimidade para decidir sobre as condições de trabalho e remuneração de uma grande massa de trabalhadores, o fez de forma consciente, pois ninguém melhor que o judiciário trabalhista para decidir sobre tais questões, dada a especialização desse ramo do judiciário. As questões trabalhistas são acompanhadas pela dinâmica da vida e, podem ser de tal forma controvertidas, especiais e singulares que não comportam juízos fechados. Por essas razões, transfere ao judiciário a função de amoldar a norma a cada situação particular, exigindo do juiz, muitas vezes, recurso ao sistema jurídico para que possa encontrar a solução mais justa e adequada. O poder normativo concedido ao judiciário não significa poder de criação do direito. O juiz, ao decidir o conflito, não cria direitos novos, e sim interpreta de maneira mais ou menos ampla ou restrita preceitos já existentes no sistema jurídico. A decisão normativa em nada se compara à produção legislativa, pois se assim fosse, a norma criada integraria de forma definitiva o ordenamento jurídico como norma abstrata, de caráter geral, e deveria, obrigatoriamente, ser aplicada a todos os casos idênticos daquele momento em diante. Assim não é. A sentença normativa não integra o ordenamento jurídico como norma geral e abstrata, e nem mesmo os contratos individuais de trabalho, pois as condições estabelecidas vigoram apenas no período de vigência da sentença normativa. Se o juiz pudesse ignorar o sistema jurídico, as particularidades do caso concreto, e os valores sociais, e julgar segundo suas convicções pessoais, haveria sérios comprometimentos ao equilíbrio e à harmonia do sistema jurídico e à democracia. Quando o juiz não encontra na legislação a solução para o caso concreto ou ainda quando interpreta uma norma ou uma disposição e encontra um sentido novo até então não vislumbrado, não está criando o direito. A falta de formulação clara, completa, sistemática do direito, que às vezes se constitui por uma confusa mistura de fontes legislativas, conflitantes, oriundas de tempos diferentes, motivadas por fins diversos, difíceis de compreender, combinar e conciliar, exige do intérprete o recurso ao sistema, e isso é bom, porque propicia uma nova compreensão do direito, uma renovação de seus conceitos. A dinâmica da vida social faz com que cada situação seja particular e nova, permitindo uma infinidade de possibilidades de se argumentar e de decidir. A criação judiciária do direito não é admitida; porém, uma interpretação construtiva da prática social tem a potencialidade de ser democrática e sensível às necessidades da comunidade. Como toda lide implica desacordos e controvérsias, o juiz terá de encontrar uma solução que seja a mais razoável, aceitável, nem subjetiva, nem arbitrária, e isso supõe uma intervenção de vontade. A criatividade interpretativa é inevitável e ao mesmo tempo legítima, mas o processo de produção do direito há que pertencer sempre à vontade do povo.

No exercício do poder normativo, não só o TST, como também os TRT's, não podem criar ou homologar condições de trabalho que contrariem o texto constitucional, não lhes sendo permitido interpretar a Constituição de forma diferente daquela imprimida pelo STF, órgão máximo do judiciário trabalhista brasileiro, competente para dizer, em última instância, o que é a Constituição e o que ela expressa.

191. ADICIONAL DE PERICULOSIDADE. INCIDÊNCIA (nova redação). O adicional de periculosidade incide sobre o salário básico e não sobre este acrescido de outros adicionais. Em relação aos eletricitários, o cálculo do adicional de periculosidade deverá ser efetuado sobre a totalidade das parcelas de natureza salarial.

COMENTÁRIO. A distinção feita pelo TST não encontra justificativa lógica e razoável, pois nenhuma diferença há quando o empregado exposto a situação o risco é eletricitário e quando não é. O TST atribui tratamento diferenciado a mesma situação jurídica, o que fere os princípios da igualdade e da não discriminação previstas na CF/1988. O empregado que presta serviços em condições perigosas, seja ele eletricitário ou não, fica exposto a situações de risco. O risco é inerente ao sistema elétrico, mecânico ou outro qualquer em que haja possibilidade de acidente, mesmo de modo fortuito e incerto. O perigo expressa uma condição onde há iminência de ocorrer o acidente. Analisados a função, o local, as condições de trabalho, a exposição e as atividades desenvolvidas pelo empregado, se houver enquadramento como perigosas, com base na Portaria Federal n. 3.214/78 (NR-16 e Anexos), e no Decreto n. 93.412/86 e Anexos, o empregado tem direito ao adicional de periculosidade, calculado sobre a remuneração, bem como sua integração para todos os fins legais, independentemente de ser ele eletricitário, sob pena de ofensa aos princípios constitucionais da proteção, isonomia e não discriminação.

192. AÇÃO RESCISÓRIA. COMPETÊNCIA. I — Se não houver o conhecimento de recurso de revista e o de embargos, a competência para julgar ação que vise a rescindir decisão de mérito é do Tribunal Regional do Trabalho, ressalvado o disposto no item II. II — Acórdão rescindindo do TST que não conhece de recurso de embargos ou de revista, analisando argüição de violação de dispositivo de lei material ou decidindo em consonância com enunciado de direito material ou com iterativa, notória e atual jurisprudência de direito material da Sessão de Dissídios Individuais (Enunciado n. 333), examina o mérito da causa, cabendo ação rescisória de competência do TST.

COMENTÁRIO. A competência para o julgamento da ação rescisória sempre suscitou dúvidas e divergentes posicionamentos. O TST, no Enunciado n. 192, esclarece que caso não seja conhecido o recurso de revista e o de embargos interpostos contra a decisão que se pretende rescindir, a competência para a rescisória é do TRT. Se a pretensão manifestada for no sentido de desconstituir acórdão do TST que não conhece de recurso de embargos ou de revista, após analisar a argüição de violação de dispositivo de lei ou por decidir de acordo com enunciado ou com iterativa, notória e atual jurisprudência de direito matéria da Sessão de Dissídios Individuais, examinando o mérito da causa, a competência para a ação rescisória é do próprio do TST.

194. AÇÃO RESCISÓRIA. JUSTIÇA DO TRABALHO. DEPÓSITO PRÉVIO – REVISÃO DO ENUNCIADO N. 169. As ações rescisórias ajuizadas na Justiça do Trabalho serão admitidas, instruídas e julgadas conforme os arts. 485, *usque* 495 do CPC de 1973, sendo, porém, desnecessário o depósito prévio a que aludem os respectivos arts. 488, II, e 494.

COMENTÁRIO. A CLT não tem regras próprias disciplinando o procedimento a ser seguido nas ações rescisórias. O TST solidificou o entendimento segundo o qual se aplicam às ações rescisórias ajuizadas na Justiça do Trabalho as mesmas regras do CPC (arts. 485 e seguintes), exceto quanto ao depósito prévio de 5% sobre o valor da causa a título de multa para o caso de ser declarada inadmissível ou improcedente o pedido, que não é exigido na Justiça do Trabalho.

197. PRAZO. O prazo para recurso da parte que, intimada, não comparecer à audiência em prosseguimento para a prolação da sentença conta-se de sua publicação.

COMENTÁRIO. Na Justiça do Trabalho a parte não é intimada da sentença se é cientificada da data em que sentença será proferida. Se a ata de julgamento é juntada ao processo no prazo de 48 horas, contado do horário previsto para o julgamento, a parte considera-se intimada; caso não seja juntada nesse prazo, somente após a intimação da sentença é que começa a fluir o prazo para interposição de eventuais recursos.

199. BANCÁRIO. PRÉ-CONTRATAÇÃO DE HORAS EXTRAS. A contratação de serviço suplementar, quando da admissão do trabalhador bancário, é nula. Os valores assim ajustados apenas remuneram a jornada normal, sendo devidas as horas extras com adicional de, no mínimo, 50%.

COMENTÁRIO. Se o empregador exige do empregado bancário, desde a contratação, o cumprimento de uma jornada de 8 horas quando, na forma da lei, poderia exigir apenas o cumprimento de uma jornada de 6 horas, é porque necessita da prestação dos serviços do empregado por uma jornada de 8 horas. Nesse caso, as duas horas excedentes a 6ª hora diariamente prestadas e remuneradas destinam-se a contraprestação apenas do trabalho realizado durante a jornada normal, que no caso é de 6 horas, e incorporam-se aos salários. As duas horas extras diárias pagas desde a contratação do empregado nada mais representam que um complemento de salário, não se destinando, efetivamente, a remunerar o trabalho prestado além da jornada legal.

200. JUROS DE MORA. INCIDÊNCIA. Os juros de mora incidem sobre a importância da condenação já corrigida monetariamente.

COMENTÁRIO. Para a correção dos débitos trabalhistas na Justiça do Trabalho adota-se como critério a aplicação da correção monetária e, após, os juros de mora. A correção monetária incide a partir do momento em que o adimplemento da obrigação se tornou exigível. Os juros de mora passam a incidir a contar da data do ajuizamento da ação, conforme estabelece o art. 883 da CLT.

É polêmica a discussão sobre a partir de que data deve o débito trabalhista ser corrigido monetariamente. Para uma corrente doutrinária os débitos trabalhistas, quaisquer que sejam, devem ser corrigidos aplicando-se o índice do próprio mês em que ele se tornou exigível. Uma outra corrente entende que a correção deve observar o índice do primeiro dia do mês trabalhado. Uma terceira manda aplicar o índice do 5º dia do mês seguinte ao trabalhado. E, para uma última corrente, as parcelas salariais devidas — salários e acessórios —, devem ser corrigidas pelo índice do primeiro dia do mês subsequente ao trabalhado, e as demais — férias, gratificações natalinas e verbas salariais —, pelo índice do dia imediato àquele em que se tornaram devidas. Tem prevalecido nos Tribunais o entendimento de que deve ser aplicado o índice do 5º dia do mês seguinte ao trabalhado.

Atualmente, discute-se também sobre a aplicação dos juros do mercado financeiro, como meio de recompor integralmente o valor do débito trabalhista. Uma outra discussão é sobre a aplicação dos juros previstos no Código Civil. O art. 406 do CC diz que na falta de convenção entre as partes ou quando não estiverem previstos em lei, os juros devem ser fixados segundo a taxa que estiver em vigor para a mora de pagamentos de impostos devidos à Fazenda Nacional (CTN, art. 161, § 1º), e corresponde a 1% ao mês. O Superior Tribunal de Justiça interpretando o art. 406 entendeu que a taxa aplicável é a SELIC — Sistema Especial de Liquidação e de Custódia —, criada por norma interna do Banco Central, na qual se incluem juros e correção monetária pelos índices de inflação. Concluiu, contudo, que a utilização da taxa SELIC não é segura, porque não permite o conhecimento prévio dos juros, é inviável quando o cálculo for apenas dos juros ou apenas da correção monetária, é incompatível com a regra do art. 591 do CC e com o art. 192, § 3º, da CF/1988, se resultar em juros reais superiores a 12% ao ano.[13]

A interpretação puramente positivista imprimida pelo STJ tem impedido avanços, e contribui para que se prolonguem no tempo os processos judiciais, pois para o devedor é infinitamente mais vantajoso adiar a solução do processo e aplicar os juros do mercado financeiro, do que pagar o credor no devido tempo. Quem perde com isso, não é só o credor, que tem de suportar o ônus da demora, mas também o Estado, que tem de arcar com o custo da demora do processo, e a administração da justiça, que fica desacreditada perante o credor e a sociedade.

201. RECURSO ORDINÁRIO EM MANDADO DE SEGURANÇA. REVISÃO DO ENUNCIADO N. 154. Da decisão de Tribunal Regional do Trabalho em mandado de segurança cabe recurso ordinário, no prazo de oito dias, para o TST, e igual dilação para o recorrido e interessados, apresentarem razões de contrariedade.

COMENTÁRIO. A regra adotada pelo TST, no que tange ao recurso, prazo de recurso e contra-razões contra as decisões proferidas em mandado de segurança é a mesma dos recursos em geral. Quando o julgamento do mandado de segurança for de competência originária do TRT, o recurso cabível contra tais decisões é o ordinário, o prazo para interposição é de oito dias, e o órgão competente para o julgamento é o TST.

202. GRATIFICAÇÃO POR TEMPO DE SERVIÇO. COMPENSAÇÃO. Existindo, ao mesmo tempo, gratificação por tempo de serviço outorgada pelo empregador e outra da mesma natureza prevista em acordo coletivo, convenção coletiva ou sentença normativa, o empregado tem direito a receber, exclusivamente, a que lhe seja mais benéfica.

COMENTÁRIO. A compensação é forma indireta de extinção de obrigações, e é possível entre pessoas que são credoras e devedoras recíprocas. O TST autoriza o empregador a compensar a gratificação

---

(13) NERY JÚNIOR, N; NERY, R. M. A. *Código Civil Anotado e legislação extravagante.* 2ª ed., São Paulo: RT, 2003, pp. 326-7.

espontânea paga ao empregado sob a denominação de 'gratificação por tempo de serviço' com outra de mesma natureza prevista em acordo coletivo, convenção coletiva ou sentença normativa. Nesse caso, o empregado tem direito àquela que for mais benéfica. O pagamento das duas gratificações importaria em impor um ônus excessivo ao empregador, que estaria sendo onerado por ter se antecipado à negociação coletiva e concedido mais do que a lei determina, no intuito de beneficiar o empregado.

203. GRATIFICAÇÃO POR TEMPO DE SERVIÇO. NATUREZA SALARIAL. A gratificação por tempo de serviço integra o salário para todos os efeitos legais.

COMENTÁRIO. Gratificação por tempo de serviço, adicional por tempo de serviço e anuênio são expressões sinônimas. São verbas devidas aos empregados que contam com certo tempo de serviço na empresa e integram o salário na forma prevista no § 1º do art. 457 da CLT. O direito se fundamenta na maior valia e experiência adquiridas pelo empregado que, com o passar do tempo, torna-se mais útil e valioso aos fins pretendidos pelo empregador. A experiência e a dedicação à empresa justifica o pagamento desse suplemento salarial.

204. BANCÁRIO. CARGO DE CONFIANÇA. CARACTERIZAÇÃO (nova redação). A configuração, ou não, do exercício de função de confiança a que se refere o art. 224, § 2º da CLT, depende da prova das reais atribuições do empregado, é insuscetível de exame mediante recurso de revista ou de embargos.

COMENTÁRIO. O TST adotou como diretriz para a caracterização do cargo de confiança o princípio da primazia da realidade. Segundo *Américo Plá Rodriguez*, "O princípio da primazia da realidade significa que, em caso de discordância entre o que ocorre na prática e o que emerge de documentos ou acordos, deve-se dar preferência ao primeiro, isto é, ao que sucede no terreno dos fatos".[14] Em se tratando de empregado bancário, embora conste nos documentos que o empregado exerce cargo intitulado pelo empregador como sendo de confiança, e receba gratificação de função não inferior a 1/3 do salário efetivo, somente será enquadrado na regra no § 2º da CLT, com jornada de trabalho de 8 horas, se restar demonstrado o exercício de funções mais qualificadas que permitam concluir pela aplicação do disposto no § 2º do art. 224 da CLT. A controvérsia sobre essa questão é eliminada pelo

---

(14) PLÁ RODRIGUEZ, A. *Princípios do direito do trabalho*. São Paulo: LTr, 1993, p. 217.

juiz da Vara do Trabalho ou do TRT, não podendo ser objeto de reexame pelo TST, em recurso de revista ou de embargos, porque trata-se de matéria fática.

206. FGTS. INCIDÊNCIA SOBRE PARCELAS PRESCRITAS (nova redação). A prescrição da pretensão relativa às parcelas remuneratórias alcança o respectivo recolhimento da contribuição para o FGTS.

COMENTÁRIO. A jurisprudência trabalhista firmou o entendimento de que a contagem do prazo de prescrição — CF/1988, art. 7º, XXIX —, abrange os cinco anos anteriores ao ajuizamento da ação, e não, os últimos cinco anos do contrato. O empregado tem direito de reclamar na Justiça do Trabalho pretensões de direito material não satisfeitas pelo empregador relativamente aos últimos cinco anos do contrato, que retroagem à data do ajuizamento da ação. As parcelas vencidas há mais de cinco anos prescrevem, exceto, os recolhimentos de FGTS, cuja prescrição é trintenária (Lei n. 8.036/1990, art. 23). Prescritas as parcelas remuneratórias, prescreve também o FGTS sobre tais parcelas. Da inexistência de condenação do direito principal restam prejudicadas as parcelas de FGTS, caso contrário, seria deferir o acessório sem o principal, já que a prescrição tem um envolvimento integrativo com o todo.

207. CONFLITOS DE LEIS TRABALHISTAS NO ESPAÇO. PRINCÍPIO DA *LEX LOCI EXECUTIONIS*. A relação jurídica trabalhista é regida pelas leis vigentes no país da prestação de serviço e não por aquelas do local da contratação.

COMENTÁRIO. Segundo o entendimento do TST, em caso de conflito de leis no espaço, a lei aplicável aos contratos de trabalho é a do país da prestação dos serviços. Firmou-se o entendimento de que a aplicação da lei ao contrato é determinada pela localidade onde o empregado prestar serviços ao empregador, ainda que tenha sido contratado no estrangeiro. Contudo, quando o empregado, por determinação de seu empregador, presta serviços em diversos países, o juiz terá de aplicar a lei do país que for mais favorável ao trabalhador, ainda que não seja a que por último regeu o contrato, pois é isso o diz o princípio da proteção. Se o empregado é contratado para prestar serviços em determinado país e é compelido a trabalhar em outro ou outros, não pode ser prejudicado com a aplicação da norma menos benéfica.

211. JUROS DE MORA E CORREÇÃO MONETÁRIA. INDEPENDÊNCIA DO PEDIDO INICIAL E DO TÍTULO EXECUTIVO JUDICIAL. Os juros de

mora e a correção monetária incluem-se na liquidação, ainda que omisso o pedido inicial ou a condenação.

COMENTÁRIO. A aplicação dos juros de mora e da correção monetária prescinde de pedido inicial, e independe de comando expresso na sentença. Ainda que omissa a sentença sobre a correção do crédito, a atualização monetária deve ser aplicada, sem que isso implique ofensa à coisa julgada ou decisão *extra petita*.

212. DESPEDIMENTO. ÔNUS DA PROVA. O ônus de provar o término do contrato de trabalho, quando negados a prestação de serviços e o despedimento, é do empregador, pois o princípio da continuidade da relação de emprego constitui presunção favorável ao empregado.

COMENTÁRIO. O contrato de trabalho é um contrato de trato sucessivo, que perdura e se prolonga no tempo. Quando o empregador nega a prestação de serviços alegada pelo empregado, ou afirma que não o dispensou, seu é o ônus de prova. Pelo princípio da continuidade da relação de emprego, presume-se a prestação de serviços e o despedimento quando negados pelo empregador. O rompimento do contrato de trabalho contraria o interesse social, na medida em que retira do trabalhador o emprego, fonte de sobrevivência própria e da família. Sempre que o empregador alegar que o empregado pediu demissão, deve provar a licitude dessa manifestação de vontade. A validade do pedido de demissão de empregado que contar com mais de um ano de serviço na empresa subordina-se a assistência do sindicato ou da autoridade do Ministério do Trabalho (CLT, art. 477, § 1º). A formalidade exigida para a prática do ato tem por finalidade preservar a autenticidade da manifestação de vontade do empregado, justamente por ser a parte mais fraca da relação de emprego.

214. DECISÃO INTERLOCUTÓRIA. IRRECORRIBILIDADE (nova redação). Na Justiça do Trabalho, as decisões interlocutórias somente ensejam recurso imediato quando suscetíveis de impugnação mediante recurso para o mesmo Tribunal ou na hipótese de acolhimento da exceção de incompetência, com a remessa dos autos para Tribunal Regional distinto daquele a que se vincula o juízo excepcionado, consoante disposto no art. 799, § 2º, da CLT.

COMENTÁRIO. No processo do trabalho os incidentes processuais são resolvidos pelo próprio juiz ou Tribunal, podendo a parte renovar seu inconformismo no recurso que couber da decisão definitiva. É o princípio da irrecorribilidade das decisões interlocutórias contemplado pelo § 1º do art. 893 da CLT, que juntamente com os princípios da celeridade, simplicidade e economia dos atos processuais, orientam e informam o processo do trabalho. O princípio da irrrecorribilidade das decisões interlocutórias comporta exceções, e uma delas refere-se a decisão que acolhe a exceção de incompetência em razão do lugar, determinando a remessa compulsória dos autos para outro Tribunal Regional. Mas, nesse caso, não se trata de decisão interlocutória e sim terminativa do feito perante aquele juízo. Não chega, portanto, a representar uma exceção à regra de irrecorribilidade das decisões interlocutórias.

217. DEPÓSITO RECURSAL. CREDENCIAMENTO BANCÁRIO. PROVA DISPENSÁVEL. O credenciamento dos bancos para o fim de recebimento do depósito recursal é fato notório, independendo de prova.

COMENTÁRIO. O depósito recursal de que trata o § 1º do art. 899 da CLT é feito na conta vinculada do empregado, segundo prevê o § 4º do mesmo artigo. Pode ser realizado em instituições bancárias credenciadas, não exigindo o TST prova do credenciamento, pois este é tido como fato notório (CPC, art. 334, I).

218. RECURSO DE REVISTA. ACÓRDÃO PROFERIDO EM AGRAVO DE INSTRUMENTO. É incabível recurso de revista interposto de acórdão regional prolatado em agravo de instrumento.

COMENTÁRIO. Na Justiça do Trabalho, o recurso de revista é admitido apenas no procedimento ordinário, sendo vedado no sumaríssimo, salvo se o julgamento proferido no procedimento sumaríssimo estiver fundamentado em sentido contrário à Súmula de Jurisprudência do TST ou implicar violação direta à Constituição Federal.

A admissão do recurso de revista, além do preenchimento dos aspectos formais, subordina-se a presença de alguns pressupostos materiais. Exige demonstração de divergência jurisprudencial ou violação literal de dispositivo de lei, norma coletiva de trabalho, regulamento de empresa, sentença normativa (CLT, art. 896, letras *a, b* e *c*). Por essa razão, não é cabível recurso de revista de acórdão regional prolatado em agravo de instrumento, pois o agravo de instrumento não é o meio apropriado para questionar o mérito da decisão proferida na causa. É recurso que se destina única e exclusivamente a impugnar os despachos que negam seguimento a outros recursos (CLT, art. 897, *b*).

219. HONORÁRIOS ADVOCATÍCIOS. HIPÓTESE DE CABIMENTO. Na Justiça do Trabalho, a condenação ao pagamento de honorários

advocatícios, nunca superiores a 15%, não decorre pura e simplesmente da sucumbência, devendo a parte estar assistida por sindicato da categoria profissional e comprovar a percepção de salário inferior ao dobro do salário mínimo ou encontrar-se em situação econômica que não lhe permita demandar sem prejuízo do próprio sustento ou da respectiva família.

COMENTÁRIO. Segundo o entendimento do TST, são devidos honorários advocatícios na Justiça do Trabalho, não excedentes a 15% do valor da condenação, quando, além da procedência total ou parcial dos pedidos, a parte está assistida pelo seu sindicato de classe, e em condição de miserabilidade jurídica.

O art. 133 da Constituição Federal assegura que "O advogado é indispensável à administração da justiça, sendo inviolável por seus atos e manifestações no exercício da profissão, nos limites da lei". Ao interpretar esse artigo, por ocasião do julgamento do Proc. HC n. 67390-2-PR, ementa publicada no DJ de 6.4.1990, entendeu o STF que o art. 133 da Constituição Federal não tornou imprescindível a intermediação de advogados em todos os processos judiciais. Em outro julgamento — ADIn n. 1.127-8, proposta pela Associação dos Magistrados Brasileiros —, o STF decidiu que o advogado não é imprescindível nos juizados de pequenas causas, na Justiça de Paz e na Justiça do Trabalho.

A Lei n. 8.906/94 diz que são devidos honorários de advogado em todos os processos judiciais. Essa regra não se aplica na Justiça do Trabalho, pois conforme entendimento do STF, nesse juízo as partes podem exercer o *jus postulandi*. Prevalece, assim, o disposto no art. 16 da Lei n. 5.584/1970, segundo o qual, "Os honorários do advogado pagos pelo vencido reverterão em favor do Sindicato assistente". É a hipótese de assistência judiciária gratuita prestada pelo Sindicato da categoria profissional a que pertencer o empregado, quando o trabalhador percebe salário igual ou inferior ao dobro do mínimo legal, ou embora perceba maior salário, sua situação econômica não lhe permite demandar sem prejuízo de seu próprio sustento ou de sua família (Lei n. 5.584/1970, art. 14 e § 1º). Nesse caso, segundo o TST, são devidos honorários advocatícios, que se revertem em benefício do Sindicato assistente.

221. RECURSO DE REVISTA OU DE EMBARGOS. INTERPRETAÇÃO RAZOÁVEL. ADMISSIBILIDADE VEDADA (nova redação). Interpretação razoável de preceito de lei, ainda que não seja a melhor, não dá ensejo à admissibilidade ou ao conhecimento do recurso de revista ou de embargos com base, respectivamente, na alínea *c* do art. 896

e na alínea *b* do art. 894 da CLT. A violação há de estar ligada à literalidade do preceito.

COMENTÁRIO. O recurso de revista e de embargos, interpostos contra a decisão de TRT para o TST, são cabíveis, entre outras hipóteses, quando a decisão recorrida houver sido proferida com violação literal de disposição de lei federal ou afronta direta à Constituição, ou derem ao mesmo dispositivo de lei estadual, CCT, ACT, sentença normativa ou regulamento de empresa, de observância obrigatória na jurisdição do TRT que proferiu a decisão recorrida, interpretação divergente da que houver dado outro TRT, o TST ou Súmula de Jurisprudência uniforme do TST. O TST esclarece que sendo razoável a interpretação, ainda que não seja a melhor, não dá ensejo à admissibilidade ou ao conhecimento do recurso de revista ou de embargos com base, respectivamente, na alínea *c* do art. 896 e na alínea *b* do art. 894 da CLT. A violação mencionada na lei há de estar ligada à literalidade do preceito.

225. REPOUSO SEMANAL. CÁLCULO. GRATIFICAÇÃO POR TEMPO DE SERVIÇO E PRODUTIVIDADE. As gratificações por tempo de serviço e produtividade, pagas mensalmente, não repercutem no cálculo do repouso semanal remunerado.

COMENTÁRIO. As gratificações por tempo de serviço e produtividade, pagas mensalmente ao empregado, não integram o cálculo dos repousos remunerados (domingos e feriados), pois o pagamento leva em conta a unidade de tempo 'mês', na qual já está englobado o pagamento dos repousos. É lícito, nesse caso, o pagamento dos repousos embutidos no valor devido mês a mês, sob pena de restar caracterizado *bis in idem*.

226. BANCÁRIO. GRATIFICAÇÃO POR TEMPO DE SERVIÇO. INTEGRAÇÃO NO CÁLCULO DAS HORAS EXTRAS. A gratificação por tempo de serviço integra o cálculo das horas extras.

COMENTÁRIO. A gratificação por tempo de serviço, também conhecida como anuênio, tem natureza salarial e integra a remuneração do bancário para fins de cálculo das horas extras e demais verbas devidas ao empregado (TST, Enunciado n. 264).

228. ADICIONAL DE INSALUBRIDADE. BASE DE CÁLCULO (nova redação). O percentual do adicional de insalubridade incide sobre o salário mínimo de que cogita o art. 76 da CLT, salvo as hipóteses previstas no Enunciado n. 17.

COMENTÁRIO. O entendimento do TST, no que tange à base de cálculo do adicional de insalubridade, ressalvada a hipótese do Enunciado n. 17, está em sentido contrário às decisões proferidas pelo STF. O STF, ao se pronunciar sobre a fixação do adicional de insalubridade, vem reiteradamente entendendo que a vinculação ao salário mínimo contraria o disposto no art. 7º, da CF/1988, que impede a aplicação do salário mínimo como parâmetro indexador de reajustes de obrigações. Diante do posicionamento do STF, o juiz deve fixar um outro critério para o cálculo do adicional de insalubridade, em substituição ao previsto no art. 192 da CLT. Enquanto não for imprimida reforma na legislação, não pode haver indexação ao salário mínimo. A indexação ao salário mínimo, além de contrariar disposição constitucional, é prejudicial ao trabalhador porque resulta em valor que não é capaz de compensar os prejuízos que os agentes insalubres causam à sua saúde.

229. SOBREAVISO. ELETRICIÁRIOS (nova redação). Por aplicação analógica do art. 244, parágrafo 2º da CLT, as horas de sobreaviso dos eletricitários são remuneradas à base de 1/3 sobre a totalidade das parcelas de natureza salarial.

COMENTÁRIO. Segundo *Eduardo Gabriel Saad*, "Regime de sobreaviso é aquele em que o empregado, mesmo estando de folga, fica obrigado a atender eventuais chamados da empresa. Por isso, tem ainda que declinar os sítios em que poderá ser encontrado ou informar como poderá ser convocado para o serviço"[15]. O regime de sobreaviso representa cerceamento do repouso e da liberdade do empregado. Após a jornada diária de trabalho, o trabalhador permanece ligado ao trabalho, aguardando para ser convocado a qualquer momento, por meio de BIP, telefone residencial ou celular, terminal de computador ligado à empresa etc. Os avanços da tecnologia permitem uma certa flexibilidade de locomoção quando o empregado está em sobreaviso, porém, tem de manter-se dentro de um certo raio de alcance dos meios de comunicação, caso contrário não poderá prontamente se apresentar ao trabalho caso seja convocado. Quando o trabalhador permanece em sobreaviso, por determinação do seu empregador, é obrigado a atender a convocação para o trabalho, sob pena de ser punido, inclusive com justa causa. Se o empregador pode contar com o empregado em todas as horas do dia, inclusive antes e após o horário normal de trabalho, se depende dessa colaboração para atingir seus objetivos econômicos e financeiros, é justo e

---

(15) SAAD. E. G., *op.cit.*, p. 200.

razoável que pague ao empregado uma remuneração, no mínimo, equivalente àquela paga aos ferroviários em regime de sobreaviso (CLT, art. 244, § 2º), que corresponde a 1/3 do valor do salário normal.

As horas de sobreaviso têm natureza jurídica de salário, integram a remuneração e repercutem no cálculo de todas as demais verbas trabalhistas.

230. AVISO PRÉVIO. SUBSTITUIÇÃO PELO PAGAMENTO DAS HORAS REDUZIDAS DA JORNADA DE TRABALHO. É ilegal substituir o período a que se reduz da jornada de trabalho, no aviso prévio, pelo pagamento das horas correspondentes.

COMENTÁRIO. É inexistente a concessão do aviso prévio sem a redução da jornada prevista no art. 488 da CLT. A finalidade do aviso prévio é possibilitar que o empregado procure nova colocação no mercado de trabalho, necessitando, portanto, do horário de trabalho reduzido no período do aviso. A redução da jornada de trabalho do empregado decorre de norma de ordem pública, que limita o arbítrio potestativo do empregador. A não observância da disposição legal que determina a redução da jornada de trabalho do empregado no período do aviso prévio, torna nulo o aviso prévio concedido e impõe novo aviso prévio, com integração do tempo de serviço para todos os efeitos.

Se o empregado pede demissão, a ele não se aplica o disposto no art. 488 da CLT. O pedido de demissão faz presumir que já obteve novo emprego, ou que não precisa do emprego, e por isso, não há necessidade da redução do horário de trabalho no período do aviso prévio.

232. BANCÁRIO. CARGO DE CONFIANÇA. JORNADA. HORAS EXTRAS. O bancário sujeito à regra do art. 224, § 2º da CLT, cumpre jornada de trabalho de oito horas, sendo extraordinárias as trabalhadas além da oitava.

COMENTÁRIO. O empregado bancário, que ocupa cargo de confiança e recebe remuneração não inferior a 1/3 do salário do cargo efetivo, enquadra-se na regra do art. 224, § 2º da CLT, com jornada normal de trabalho de oito horas, sendo extraordinária as trabalhadas além desse limite.

239. BANCÁRIO. EMPREGADO DE EMPRESA DE PROCESSAMENTO DE DADOS. É bancário o empregado de empresa de processamento de dados que presta serviço a banco integrante do mesmo grupo econômico.

COMENTÁRIO. O empregado contratado por empresa de processamento de dados para prestar serviços em estabelecimentos bancários, integrante do mesmo grupo econômico, é bancário, e a ele se aplicam as disposições especiais previstas nos arts. 224 e seguintes da CLT. As funções de digitar, compensar e conferir documentos estão diretamente ligadas à atividade-fim da instituição bancária. A previsão constitucional de igualdade significa igualdade de tratamento perante a lei. Tratamento diferenciado fundado na diversidade de situações é legítimo, porém, deixa de sê-lo quando desvirtuado em benefício de uns e em prejuízos de outros. O fornecimento de pessoal por empresas interpostas, como é o caso das empresas de processamento de dados, configura abuso de direito e caracteriza *lising* de trabalho humano. Agenciamentos de colocações evidencia a exploração do trabalhador que, mesmo realizando tarefas idênticas àquelas desenvolvidas ou que antes eram desenvolvidas pelos empregados da tomadora, não são contemplados com os mesmos direitos a eles conferidos. A evolução que admite a terceirização e outras formas de prestação de serviços fora dos permissivos legais não pode implicar desigualdade social, servir de meio para que se busque custo menor em detrimento dos direitos do trabalhador. Utilizar a terceirização e outras práticas análogas para pagar salários menores e sonegar direitos trabalhistas significa distorcer os preceitos que protegem o trabalho assalariado. O direito do trabalho deve se sobrepor às manipulações, conter possíveis ajustes e manobras de indivíduos que o procuram afeiçoar a seus desígnios, para auferir vantagens indevidas e ilícitas, em prejuízo da classe operária. Assim, por analogia ao disposto no art. 12 da Lei n. 6.019/74, o empregado da empresa de processamento de dados que presta serviços em estabelecimentos bancários, deve ser contemplado com os mesmos direitos individuais e os mesmos salários pagos aos empregados bancários do local da prestação dos serviços, a eles aplicando-se as mesmas disposições legais.

240. BANCÁRIO. GRATIFICAÇÃO DE FUNÇÃO E ADICIONAL POR TEMPO DE SERVIÇO. O adicional por tempo de serviço integra o cálculo da gratificação prevista no art. 224, § 2º da CLT.

COMENTÁRIO. O adicional por tempo de serviço, também conhecido como anuênio, tem natureza salarial e integra a remuneração do empregado bancário para todos os fins legais, inclusive, para cálculo da gratificação de função.

241. SALÁRIO-UTILIDADE. ALIMENTAÇÃO. O vale para refeição, fornecido por força do contrato de trabalho, tem caráter salarial, integrando a remuneração do empregado, para todos os efeitos legais.

COMENTÁRIO. O art. 458 da CLT diz que integra o salário do empregado a alimentação que a empresa, por força do contrato ou do costume fornece habitualmente ao empregado. O vale para refeição destina-se a suprir uma despesa do empregado com alimentação, e deveria, portanto, ter natureza indenizatória, e não, salarial. Contudo, o entendimento do TST é em outro sentido. O vale para refeição, segundo o TST, tem natureza salarial e integra a remuneração do empregado. Entretanto, se a empresa participa do Programa de Alimentação ao Trabalhador (Lei n. 6.321/76), aprovado pelo Ministério do Trabalho e da Previdência Social, a alimentação paga *in natura* não tem natureza salarial, não se incorpora à remuneração para quaisquer efeitos, não constitui em base de incidência de contribuição previdenciária ou do FGTS, e nem se configura como rendimento tributável do Trabalhador (Decreto n. 5/91, art. 6º, regulamentador da Lei n. 6.321/76).

242. INDENIZAÇÃO ADICIONAL. VALOR. A indenização adicional, prevista no art. 9º da Lei n. 6.708/79 e no art. 9º da Lei n. 7.238/84, corresponde ao salário mensal, no valor devido na data da comunicação do despedimento, integrado pelos adicionais legais ou convencionais, ligados à unidade de tempo mês, não sendo computável a gratificação natalina.

COMENTÁRIO. A indenização adicional prevista no art. 9º da Lei n. 7.238/84 é devida ao empregado demitido no período de trinta dias que antecede a data-base de sua categoria profissional. O objetivo da lei é coibir a dispensa quando o empregado está a poucos dias de adquirir o direito a reposição das perdas do ano anterior. A dispensa, nesse caso, é considerada obstativa, determinando a lei a reparação do prejuízo, com o pagamento da indenização adicional, que corresponde, segundo o entendimento do TST, ao salário mensal do empregado acrescido dos adicionais legais e/ou convencionais mensalmente pagos. É computado no cálculo da indenização adicional as gratificações que o empregador pagar ao empregado, exceto gratificação natalina, dada a especificidade desse pagamento.

243. OPÇÃO PELO REGIME TRABALHISTA. SUPRESSÃO DAS VANTAGENS ESTATUTÁRIAS. Exceto na hipótese de previsão contratual ou legal expressa, a opção do funcionário público pelo regime trabalhista implica a renúncia dos direitos inerentes ao regime estatutário.

COMENTÁRIO. O funcionário público que espontaneamente faz opção pelo regime da CLT, renuncia aos direitos do regime estatutário. Ao aderir ao regime celetista, o funcionário público equipara-se ao trabalhador comum, submetendo-se às regras da CLT. Os direitos, vantagens e prerrogativas outorgados pelo estatuto deixam de incidir sobre o contrato, não se podendo falar, nesse caso, em alteração ilícita.

244. GESTANTE. GARANTIA DE EMPREGO (nova redação). A garantia de emprego à gestante só autoriza a reintegração se esta se der durante o período de estabilidade. Do contrário, a garantia restringe-se aos salários e demais direitos correspondentes ao período de estabilidade.

COMENTÁRIO. A garantia de emprego assegurada à empregada gestante pelo texto constitucional não autoriza a indenização do período de estabilidade, mas sim, a reintegração, visando à manutenção do emprego. Quando o período de estabilidade provisória já encontra-se vencido, porque decorrido o prazo que a lei assegura a manutenção do emprego (CF/1988, ADCT, art. 10, II, b), a empregada tem direito a indenização compensatória, que abrange o período compreendido entre a data da demissão injusta até cinco meses após o parto. Para fins de indenização quando a reintegração não é possível, é irrelevante o decurso de tempo havido entre a dispensa e o ajuizamento da ação, quando não demonstrados má-fé ou abuso de direito. A responsabilidade do empregador é objetiva, e a aquisição do direito não depende da comunicação formal da gravidez. O direito está condicionado apenas à confirmação do estado gravídico, não se exigindo da empregada a prova de que comunicou o empregador. Salvo no caso de abuso de direito, quando a empregada deliberadamente oculta a gestação para não trabalhar durante a gravidez, impedido o empregador de utilizar sua mão-de-obra e compensar os recolhimentos previdenciários com as parcelas que seriam destinadas ao salário maternidade de 120 dias, não perde a empregada o direito a estabilidade provisória prevista no art. 10, II, b do ADCT da CF/1988, em razão da falta de comunicação formal do estado gravídico. A proteção da lei dirige-se ao nascituro, sendo, por esse motivo, irrenunciável pela empregada gestante.

A garantia de emprego não contempla as empregadas contratadas a título de experiência ou por prazo determinado, em razão da transitoriedade do contrato que paira sobre a relação de emprego, salvo se houver cláusula assecuratória do direito em Acordo ou Convenção Coletiva de Trabalho. A empregada doméstica também não conta com essa garantia de emprego.

245. DEPÓSITO RECURSAL. PRAZO. O depósito recursal deve ser feito e comprovado no prazo alusivo ao recurso. A interposição antecipada deste não prejudica a dilação legal.

COMENTÁRIO. O art. 7º, da Lei n. 5.584/70, estabelece que a comprovação do depósito da condenação deve ser feito dentro do prazo de recurso, sob pena de ser decretada sua deserção. Contudo, não basta ser feito; há de ser comprovado no processo, no mesmo prazo.

246. AÇÃO DE CUMPRIMENTO. TRÂNSITO EM JULGADO DA SENTENÇA NORMATIVA. É dispensável o trânsito em julgado da sentença normativa para propositura da ação de cumprimento.

COMENTÁRIO. O ajuizamento da ação de cumprimento prescinde da prova do trânsito em julgado da sentença normativa. Se a sentença normativa não transitou em julgado na época do ajuizamento da ação de cumprimento, e se for reformada após o ajuizamento da ação, a reforma atinge a ação de cumprimento no estágio em que se encontra; se os pedidos contidos na ação de cumprimento forem julgados procedentes, a ação de cumprimento será imediatamente trancada. Neste caso, na eventualidade de, com base na ação de cumprimento os substituídos já tiverem auferido alguma vantagem econômica, não haverá possibilidade de repetição do indébito (Lei n. 4.725/65, art. 6º, § 3º). Se a vantagem for de outra natureza, e se já houver sido definitivamente integrada ao patrimônio jurídico do trabalhador, também não poderá ser suprimida.

247. QUEBRA DE CAIXA. NATUREZA JURÍDICA. A parcela paga aos bancários sob a denominação "quebra de caixa" possui natureza salarial, integrando o salário do prestador de serviços para todos os efeitos legais.

COMENTÁRIO. A verba paga sob a denominação "quebra de caixa" aos empregados bancários visa à recompensar o trabalhador que presta serviços no caixa por eventuais diferenças que possam se verificar no caixa. Por analogia ao disposto no § 1º do art. 457 da CLT, a verba quebra de caixa integra a remuneração do empregado para todos os fins legais.

248. ADICIONAL DE INSALUBRIDADE. DIREITO ADQUIRIDO. A reclassificação ou descaracterização da insalubridade, por ato da autoridade competente, repercute na satisfação do respectivo adicional, sem ofensa a direito adquirido ou princípio da irredutibilidade salarial.

COMENTÁRIO. Os adicionais de insalubridade, periculosidade e noturno são devidos enquanto perdurarem a causa que os justifica. Eliminada a causa ou a circunstância que justificava o pagamento, deixam de ser devidos. Tais adicionais não se incorporam, de forma definitiva ao contrato de trabalho. A supressão do adicional de insalubridade, quando atestada a eliminação da insalubridade pela autoridade competente, não importa em alteração contratual lesiva e ofensa ao princípio da irredutibilidade salarial.

253. GRATIFICAÇÃO SEMESTRAL. REPERCUSSÕES (nova redação). A gratificação semestral não repercute no cálculo das horas extras, das férias e do aviso prévio, ainda que indenizados. Repercute, contudo, pelo seu duodécimo na indenização por antigüidade e na gratificação natalina.

COMENTÁRIO. Entende o TST que a gratificação semestral não repercute no cálculo das horas extras, das férias e do aviso prévio, ainda que indenizados, porém repercute pelo seu duodécimo na indenização por antigüidade e na gratificação natalina.

No caso dos empregados bancários a não repercussão da gratificação semestral nas horas extras é justificável, pois a gratificação semestral é calculada com base no salário acrescido das horas extras. Contudo, com relação a férias e aviso prévio, não há razão para a não integração. Se a gratificação semestral pode compor a base de cálculo da indenização por antigüidade e da gratificação natalina, porque não poderá repercutir também nos depósitos de FGTS, no cálculo das férias e das verbas rescisórias? A melhor interpretação é no sentido de que a gratificação semestral deve repercutir em todas as verbas pagas ao empregado na vigência do contrato, pelo seu duodécimo, ressalvando-se os casos em que já compõe a base de cálculo por força do regulamento empresarial, norma coletiva ou contrato individual de trabalho.

254. SALÁRIO-FAMÍLIA. TERMO INICIAL DA OBRIGAÇÃO. O termo inicial do direito ao salário-família coincide com a prova da filiação. Se feita em juízo, corresponde à data do ajuizamento do pedido, salvo se comprovado que anteriormente o empregador se recusara a receber a respectiva certidão.

COMENTÁRIO. O art. 67 da Lei n. 8.213/1991 diz que o pagamento do salário-família está condicionado a apresentação da certidão de nascimento do filho. Quando na admissão o empregado apresenta ao empregador a certidão de nascimento e mesmo assim não é contemplado com o pagamento dos salário-família, pode pleitear judicialmente a vantagem sonegada desde a data da entrega do documento. Se não apresenta o documento na admissão ou na vigência do contrato, quando o nascimento do filho é posterior à admissão, e só produz a prova da filiação em juízo, o direito às parcelas restringe-se ao período posterior ao ajuizamento da ação. Porém, isso significa dizer que não tem direito ao salário-família, pois quando ajuíza a ação, em regra, o contrato de trabalho já foi extinto. Nas hipóteses em que o empregador não registra o empregado e não realiza os recolhimentos à Previdência Social, mesmo que o trabalhador comprove a filiação origem do benefício, não recebe. Nesse caso, tem direito ao ressarcimento pecuniário quando reconhecida a relação de emprego em sentença, e responde o empregador pelo pagamento.

257. VIGILANTE. O vigilante, contratado diretamente por banco ou por intermédio de empresas especializadas, não é bancário.

COMENTÁRIO. Os serviços de vigilância bancária compreendem categoria profissional diferenciada, conforme prevê o § 3º do art. 511 da CLT. *Valentin Carrion* conceituou categoria diferenciada como "o conjunto de trabalhadores que tem, permanentemente, identidade de interesses em razão de sua atividade laborativa (...). O direito brasileiro denomina categoria profissional diferenciada, quando têm regulamentação específica do trabalho diferente da dos demais empregados da mesma empresa, o que lhes faculta convenções ou acordos próprios, diferente dos que possam corresponder à atividade preponderante do empregador, que é regra geral".[16] O título III, capítulo I, seção I da CLT contém disposições especiais sobre a duração e condições de trabalho dos bancários. Os empregados bancários foram contemplados com regras especiais no tocante a jornada de trabalho em razão da atividade peculiar que desempenham. A jornada de trabalho reduzida se justifica em razão do grande desgaste psicológico que sofrem os bancários no desempenho de sua função, atividade de tal forma penosa, que mereceu tutela especial do Estado. *Eduardo Gabriel Saad* entende que "no caso dos bancários, o fator determinante do tratamento diferenciado que recebe na Consolidação é de natureza biológica. É inegável que ele está sujeito ao que se chama de fadiga psíquica. Seu trabalho exige, permanentemente, atenção e o traz sob extenuante tensão. Justo e compreensível, portanto, o que se dispõe em seu favor nos arts. 224, 225 e 226 da CLT".[17] Para que o empregado faça jus aos direitos inerentes a determinada categoria profissional, deve exercer as funções singulares da categoria, sob pena de se atribuir tratamento igual aos desiguais. O empregado contratado para prestar serviços de vigilância, em

---
(16) CARRION, V. *Comentários à CLT*. 18ª ed. São Paulo: RT, 1998, p. 403.
(17) SAAD, E. G., *op. cit.,* p. 214.

estabelecimentos bancários, com os requisitos da Lei n. 7.102/1983, e que não realiza serviços bancários típicos, não pode ser enquadrado como bancário. Os vigilantes têm suas atividades reguladas pela Lei n. 7.702/1983, alterada pela Lei n. 8.863/1994, as quais estão especificadas nos incisos I e II do *caput* e I, §§ 2º e 3º e 4º do art. 10. São consideradas como de segurança as atividades desenvolvidas nas prestações de serviços com a finalidade de promover a vigilância patrimonial das instituições financeiras e de outros estabelecimentos públicos ou privados, bem como a segurança de pessoas físicas, a realização de transporte de valores ou garantia do transporte de qualquer outro tipo de carga. Por integrar categoria profissional diferenciada, o vigilante, ainda que contratado diretamente pelo banco ou por intermédio de empresas especializadas, não é bancário.

258. SALÁRIO-UTILIDADE. PERCENTUAIS (nova redação). Os percentuais fixados em lei relativos ao salário *in natura* apenas se referem às hipóteses em que o empregado percebe salário mínimo, apurando-se, nas demais, o real valor da utilidade.

COMENTÁRIO. A CLT exemplifica algumas espécies de salário *in natura*, não sendo exaustivo o seu rol, fazendo uso, no art. 458, da expressão "outras prestações *in natura*". Para o empregado que recebe salário mínimo, o valor das utilidades cujos percentuais estão especificados no § 3º do art. 458 da CLT, não pode exceder de 70% do seu salário (CLT, art. 82, parágrafo único). A lei assegura que ao empregado, no mínimo, 30% do salário deve ser pago em dinheiro. Os percentuais que a lei fixa ao salário *in natura* (CLT, arts. 458, § 3º, 81 e 82 da CLT), referem-se às hipóteses em que o empregado percebe salário mínimo. Se perceber salário maior, há de se apurar o real valor da utilidade. Portanto, segundo o TST, as utilidades não ficam adstritas aos percentuais estipulados no § 3º do art. 458 da CLT, podendo ser superiores quando o empregado recebe salário maior que o mínimo legal.

259. TERMO DE CONCILIAÇÃO. AÇÃO RESCISÓRIA. Só por ação rescisória é atacável o termo de conciliação previsto no parágrafo único do art. 831 da CLT.

COMENTÁRIO. O acordo homologado pela Justiça do Trabalho só pode ser desconstituído por ação rescisória. Após a homologação do acordo e transcorridos os prazos de recurso, o termo de acordo fica acobertado pela coisa julgada formal e material, somente podendo ser desconstituído por meio de ação rescisória.

261. FÉRIAS PROPORCIONAIS. PEDIDO DE DEMISSÃO. CONTRATO VIGENTE A MENOS DE UM ANO (nova redação). O empregado que se demite antes de completar doze meses de serviço tem direito a férias proporcionais.

COMENTÁRIO. O mesmo comentário feito ao Enunciado n. 171 é pertinente para o Enunciado n. 261. O empregado despedido sem justa causa, antes de completar doze meses de serviço, tem direito à remuneração relativa ao período incompleto de férias (CLT, art. 147). Quando o empregado conta com menos de doze meses de serviço e pede demissão, a hipótese tem de ser a mesma, e tem ele direito a férias proporcionais. O pedido de demissão não pode implicar supressão de direitos, pois isso importaria punição ao empregado pelo simples fato de exercer um direito seu, qual seja, de não mais permanecer no emprego. Além do mais, se o empregado pede demissão após completar um ano de serviço tem direito a férias proporcionais e assim, não poderia receber tratamento diferenciado se contar com menos tempo de serviço. Nos dois casos o empregado não completa o período aquisitivo e, em tese, não teria adquirido o direito. Dessa forma, entendimento contrário importaria em atribuir tratamento desigual às mesmas situações jurídicas.

262. PRAZO JUDICIAL. NOTIFICAÇÃO OU INTIMAÇÃO EM SÁBADO. Intimada ou notificada a parte no sábado, o início do prazo se dará no primeiro dia útil imediato e a contagem, no subseqüente.

COMENTÁRIO. O TST esclarece sobre a contagem dos prazos quando a notificação e/ou a intimação são feitas em dia de sábado. Se a parte for intimada ou notificada no sábado, o início do prazo se dará no primeiro dia útil imediato e a contagem, no subseqüente.

263. PETIÇÃO INICIAL. INDEFERIMENTO. INSTRUÇÃO OBRIGATÓRIA DEFICIENTE (nova redação). Salvo nas hipóteses do art. 295 do CPC, o indeferimento da petição inicial, por encontrar-se desacompanhada de documento indispensável à propositura da ação ou não preencher outro requisito legal, somente é cabível se, após intimada para suprir a irregularidade em 10 dias, a parte não o fizer.

COMENTÁRIO. O indeferimento da petição inicial no processo do trabalho ocorre quando a petição não preenche os requisitos do § 1º do art. 840 da CLT. Antes do indeferimento, porém, o juiz pode mandar emendá-la, se a emenda por possível, fixando prazo para que isso seja feito. Não observando a parte o prazo fixado, ou deixando transcorrer o prazo sem fazer a correção determinada, o indeferimento da inicial é uma conseqüência natural. O TST fixa em 10 dias o prazo para a regularização da inicial, porém esse prazo é meramente exemplificativo, podendo ser menor ou maior, conforme as circunstâncias do caso concreto. O momento adequado para se determinar a emenda é antes da citação; já tendo sido feita a citação, antes da audiência; se a audiência foi designada e o juiz somente constatou que a petição inicial é inepta em audiência, deve mandar corrigi-la na própria audiência ou no prazo que fixar; se já iniciada a audiência, antes da apresentação da defesa; se apresentada a defesa, com preliminar de inépcia, e o juiz verificar que tem procedência, deve mandar a parte emendá-la na própria audiência ou no prazo que fixar. Se a emenda resultar prejuízos à defesa, o juiz concederá novo prazo para apresentação da defesa.

264. HORA SUPLEMENTAR. CÁLCULO. A remuneração do serviço suplementar é composta do valor da hora normal, integrado por parcelas de natureza salarial e acrescido do adicional previsto em lei, contrato, acordo, convenção coletiva ou sentença normativa.

COMENTÁRIO. A Jurisprudência firmou o entendimento no sentido que o salário que serve de base de cálculo das horas extras é formado pela totalidade das verbas salariais pagas ao empregado, tais como, utilidades salariais, gratificações e adicionais. As comissões e os respectivos RSR's, e as gorjetas também compõem a base de cálculo das horas extras.

265. ADICIONAL NOTURNO. ALTERAÇÃO DE TURNO DE TRABALHO. POSSIBILIDADE DE SUPRESSÃO. A transferência para o período diurno de trabalho implica a perda do direito ao adicional noturno.

COMENTÁRIO. O adicional noturno remunera o trabalhador pelo trabalho prestado em horário noturno. É parte integrante do salário de quem trabalha à noite e deve compor o salário base de cálculo de todas as verbas do contrato, incluindo horas extras. Quando o empregado é transferido do horário noturno para o diurno, perde o direito ao adicional noturno, sem que isso implique alteração contratual prejudicial quanto à forma de remunerar. O trabalho em horário noturno é mais penoso e desgastante para o trabalhador, o que justifica o pagamento de um acréscimo salarial, penosidade e desgaste a que não estão sujeitos os empregados que trabalham durante o dia.

266. RECURSO DE REVISTA. ADMISSIBILIDADE. EXECUÇÃO DE SENTENÇA. A admissibilidade do recurso de revista interposto de acórdão proferido em agravo de petição, na liquidação, inclusive os embargos de terceiro, depende de demonstração inequívoca de violência direta à Constituição Federal.

COMENTÁRIO. O recurso de revista é admitido apenas em situações excepcionais e perfeitamente contempladas em lei. O recurso de revista interposto contra a decisão do TRT proferida em agravo de petição, na liquidação, e nos embargos de terceiro somente é cabível se demonstrado ofensa ao texto constitucional. Essa hipótese dificilmente ocorre, pois na execução os atos processuais se destinam unicamente a realizar o comando expresso na sentença.

268. PRESCRIÇÃO. INTERRUPÇÃO. AÇÃO TRABALHISTA ARQUIVADA (nova redação). A ação trabalhista, ainda que arquivada, interrompe a prescrição somente em relação aos pedidos idênticos.

COMENTÁRIO. A ação trabalhista arquivada interrompe a prescrição. Sempre que o prazo é interrompido, em razão do arquivamento, recomeça a correr novamente, por inteiro, e tem o empregado novo prazo de dois anos para reproduzir a ação. Contudo, no ajuizamento subseqüente ao arquivamento o empregado deve repetir os mesmos pedidos formulados na ação anteriormente arquivada, não podendo acrescentar outros, salvo se o prazo de prescrição não estiver vencido por inteiro.

269. DIRETOR ELEITO. CÔMPUTO DO PERÍODO COMO TEMPO DE SERVIÇO. O empregado eleito para ocupar cargo de diretor tem o respectivo contrato de trabalho suspenso, não se computando o tempo de serviço desse período, salvo se permanecer a subordinação jurídica inerente à relação de emprego.

COMENTÁRIO. Se o empregado é eleito para ocupar cargo de diretor, suspende-se seu contrato de trabalho, não se computando o tempo de serviço do período de suspensão para quaisquer fins, exceto se permanecer juridicamente subordinado ao empregador. A existência ou não de subordinação é aferida pelo princípio da primazia da realidade, exigindo prova das reais condições de trabalho. A presunção é de que o diretor eleito não é um trabalhador subordinado, pois exerce cargo de relevância na empresa, investido de mandato com poderes para representar o empregador e decidir pela empresa, auferindo remuneração superior, que o distingue dos demais empregados. Na hipótese do diretor ser eleito, sem antes nunca ter sido empregado, desde que não haja subordinação jurídica, não há vínculo empregatício.

274. PRESCRIÇÃO PARCIAL. EQUIPARAÇÃO SALARIAL (nova redação). Na ação de equiparação salarial, a prescrição só alcança as diferenças salariais vencidas no período de cinco anos que precedeu o ajuizamento.

COMENTÁRIO. A sentença que reconhece o direito à equiparação tem natureza jurídica declaratória, constitutiva e condenatória. A natureza condenatória da sentença impõe que a prescrição alcance as diferenças salariais vencidas no período anterior aos cinco anos que precederem o ajuizamento da ação. Embora a sentença declare que a identidade de funções com os demais requisitos legais persistiram ao longo de muitos anos, as diferenças de salário somente são devidas no período não atingido pela prescrição.

275. PRESCRIÇÃO PARCIAL. DESVIO DE FUNÇÃO (nova redação). Na ação que objetive corrigir desvio funcional, a prescrição só alcança as diferenças salariais vencidas no período de cinco anos que precedeu o ajuizamento.

COMENTÁRIO. A sentença que reconhece o direito às diferenças de salário decorrentes de desvio funcional tem natureza jurídica declaratória e condenatória, mas não constitutiva, pois o desvio de função não assegura ao trabalhador o direito de ser investido na função objeto do desvio. A natureza condenatória da sentença impõe que a prescrição alcance as diferenças salariais vencidas no período anterior aos cinco anos que precederem o ajuizamento da ação. Embora a sentença declare que o desvio de função ocorreu há mais de cinco anos anteriores ao ajuizamento da ação, as diferenças de salário restringem-se ao período não atingido pela prescrição.

276. AVISO PRÉVIO. RENÚNCIA PELO EMPREGADO. O direito ao aviso prévio é irrenunciável. O pedido de dispensa de cumprimento não exime o empregador de pagar o respectivo valor, salvo comprovação de haver o prestador dos serviços obtido novo emprego.

COMENTÁRIO. A renúncia do aviso somente é admitida havendo prova de que o empregado obteve novo emprego. A renúncia, nesse caso, é possível porque há troca de interesses, não sendo prejudicial ao trabalhador. Quando o empregado renúncia o aviso por ter conseguido novo emprego, não tem ele direito à projeção legal do período correspondente ao aviso para fins de cálculo de férias, gratificação natalina e anotação de baixa em CTPS, salvo se o empregador dispensar o empregado do cumprimento do aviso, indenizando-o. Não comprovada a obtenção de novo emprego, a renúncia não é válida, e traz, como conseqüência, a obrigação do empregador em conceder novo aviso, observando sua projeção para todos os fins legais, por descumprir norma de ordem pública (CLT, arts. 488 e 9º). O aviso prévio não é simples benefício de caráter patrimonial, do qual o empregado pode livremente dispor.

277. SENTENÇA NORMATIVA. VIGÊNCIA. REPERCUSSÃO NOS CONTRATOS DE TRABALHO. As condições de trabalho alcançadas por força de sentença normativa só vigoram no prazo assinado, não integrando, de forma definitiva, os contratos.

COMENTÁRIO. O dissídio coletivo é o instrumento legal posto à disposição dos legitimados previstos em lei — sindicatos —, quando, por qualquer motivo, a negociação coletiva restar frustrada. No julgamento do dissídio coletivo, a Justiça do Trabalho, no exercício do seu poder normativo, estabelece normas de proteção ao trabalho. A ação de dissídio é uma ação coletiva que visa a alcançar uma dimensão coletiva. O universo de trabalhadores atingido com o trânsito em julgado da sentença é coletivo, pois a sentença repercute na dimensão de interesses coletivos ou em grupos constituídos por origem comum. A sentença normativa estipula condições de trabalho, de cunho geral, que incidirão sobre os contratos individualmente celebrados, no âmbito das respectivas representações, como verdadeiras leis, dado seu caráter normativo, de obediência obrigatória.

Discute-se na doutrina, e a jurisprudência também não é pacífica, se as condições de trabalho e/ou remuneração alcançadas por meio da sentença normativa se incorporam automaticamente aos contratos individuais de trabalho vigentes. Para uma corrente doutrinária, a eficácia temporal da sentença é limitada, e extingue-se a força deste instrumento normativo pelo vencimento do prazo fixado na sentença normativa. Os defensores desta corrente afirmam que as vantagens obtidas com a sentença normativa não se integram aos contratos, pois a negociação coletiva tem de ser feita de tempos em tempos para acompanhar as transformações sociais, econômicas e políticas do país. Não seria razoável que certas vantagens, concedidas em determinado momento, de acordo com as peculiaridades daquele momento, fossem mantidas no futuro quando as condições já se alteraram. Isso importaria em obstáculo ao avanço constante, acentuaria os conflitos, não permitiria a adaptação das cláusulas à conjuntura do momento, que deveriam ser revisadas periodicamente. Uma outra corrente entende que as vantagens obtidas por meio da sentença normativa se incorporam aos contratos individuais de trabalho, porque os trabalhadores adquirem o direito às vantagens proporcionadas pela norma coletiva (CF/1988, art. 5º, XXXVI e LICC, art. 6º). Invocam a cláusula da inalterabilidade do contrato de trabalho (CLT, art. 468) e o princípio da proteção dispensada pela lei ao empregado em face de seu empregador.

O TST adota a primeira corrente doutrinária. Entende que as vantagens deferidas na sentença coletiva têm prazo determinado, não se incorporando de forma definitiva aos contratos. As cláusulas vantajosas só integram definitivamente os contratos individuais de trabalho se isso for expressamente previsto na sentença coletiva. Na falta dessa previsão, a incorporação definitiva aos contratos individuais de trabalho não é possível, dado o caráter temporário de vigência da sentença normativa, determinado por seu termo final.

278. EMBARGOS DE DECLARAÇÃO. OMISSÃO NO JULGADO. A natureza da omissão suprida pelo julgamento de embargos declaratórios pode ocasionar efeito modificativo no julgado.

COMENTÁRIO. Sendo omissa a sentença, a omissão pode ser sanada por meio de embargos declaratórios, podendo a decisão que for proferida nos embargos ocasionar efeito modificativo no julgado. Diz-se omissa a sentença quando não aprecia um ou mais pedidos, como, por exemplo, quando deixa de analisar pleitos de horas extras, adicional noturno etc. O recurso de embargos de declaração não se destina a rever o exame do conjunto probatório, a imprimir novo julgamento na causa, após reapreciação das provas produzidas. Também não é meio legítimo para solucionar dúvidas e para prequestionar teses jurídicas. O art. 535, do CPC, é taxativo ao dizer que os embargos de declaração têm por escopo expungir do julgamento obscuridades ou contradições, ou ainda, suprir omissões e, neste caso, apenas e exclusivamente neste, é possível conferir-lhes efeito modificativo ou infringente.

Os embargos de declaração são recursos absolutamente dispensáveis, pois caso contrário seria inócuo o disposto no art. 515 do CPC, que assim estabelece: "A apelação devolverá ao Tribunal o conhecimento da matéria impugnada. § 1º Serão, porém, objeto de apreciação e julgamento pelo Tribunal todas as questões suscitadas e discutidas no processo, ainda que a sentença não as tenha julgado por inteiro. § 2º Quando o pedido ou a defesa tiver mais de um fundamento e o juiz acolher apenas um deles, a apelação devolverá ao Tribunal o conhecimento das demais". Ao proferir a decisão, o juiz não fica adstrito às razões jurídicas articuladas pelas partes, sendo suficiente que decida com base em um único fundamento para atender ao disposto no art. 93, IX da CF/ 1988. O juiz não está obrigado, pela ordem jurídica, a afastar um a um os argumentos e teses das partes. A eficácia da decisão requer apenas motivos bem redigidos e a manifestação expressa do juiz sobre seu convencimento (CPC, art. 131). Na maioria das vezes os embargos de declaração são manejados pelas partes de forma inconseqüente e irresponsável, com o nítido objetivo de elastecer o prazo de recurso e procrastinar o andamento do processo. Os embargos de declaração, cujo conteúdo impugnatório não se amolda à hipótese legal, desafia e subverte o instrumento processual que o Estado põe à disposição da parte, consome, sem motivos, recursos materiais e humanos e fere o dever de litigar de boa-fé.

279. RECURSO CONTRA SENTENÇA NORMATIVA. EFEITO SUSPENSIVO. CASSAÇÃO. A cassação de efeito suspensivo concedido ao recurso interposto de sentença normativa retroage à data do despacho que o deferiu.

COMENTÁRIO. A regra geral aplicável no processo do trabalho é de se atribuir aos recursos efeito meramente devolutivo (CLT, art. 899), o que permite, desde logo, a execução provisória. A Lei n. 10.192/2001, em seu art. 14, autoriza o Presidente do TST a conceder efeito suspensivo ao recurso ordinário interposto em ação de dissídio coletivo. Se o recurso é recebido no efeito suspensivo, a cassação desse efeito, no caso de recurso interposto de sentença normativa, retroage à data do despacho que o deferiu.

282. ABONO DE FALTAS. SERVIÇO MÉDICO DA EMPRESA. Ao serviço médico da empresa ou ao mantido por esta última mediante convênio compete abonar os primeiros quinze dias de ausência ao trabalho.

COMENTÁRIO. Em caso de doença ou acidente de trabalho, quando o empregado ficar afastado do trabalho por período de tempo superior a quinze dias, os quinze primeiros dias são de responsabilidade do empregador, devendo o serviço médico da empresa ou ao mantido por esta mediante convênio abonar os primeiros quinze dias de ausência ao trabalho. Após o 15º dia de afastamento, caso o empregado passe a receber auxílio previdenciário, o contrato de trabalho fica suspenso.

283. RECURSO ADESIVO. PERTINÊNCIA NO PROCESSO DO TRABALHO. CORRELAÇÃO DE MATÉRIAS — REVISÃO DO ENUNCIADO N. 196. O recurso adesivo é compatível com o processo do trabalho e

cabe, no prazo de oito dias, nas hipóteses de interposição de recurso ordinário, de agravo de petição, de revista e de embargos, sendo desnecessário que a matéria nele veiculada esteja relacionada com a do recurso interposto pela parte contrária.

COMENTÁRIO. O recurso adesivo é regulado pelo art. 500 do CPC. É admitido nos casos em que há sucumbência e a parte poderia ter recorrido e não recorreu. O recurso adesivo fica subordinado ao recurso interposto pela outra parte, de forma que, se o recurso principal não for conhecido, o adesivo também não será; se houver desistência do recurso principal, fica prejudicado o adesivo. Entende o TST que o recurso adesivo é compatível com o processo do trabalho e cabe, no prazo de oito dias, nas hipóteses de interposição de recurso ordinário, de agravo de petição, de revista e de embargos. Não é cabível nos recursos de ofício (Decreto n. 779/1969) e no agravo de instrumento, por falta de interesse.

No processo do trabalho o recurso adesivo deve ser interposto no prazo de oito dias (Lei n. 5.584/1970), não se aplicando o prazo de quinze dias previsto no CPC. O recurso adesivo não dispensa o preparo nas hipóteses em que é exigido. É desnecessário que a matéria veiculada ao recurso adesivo esteja relacionada com a do recurso interposto pela parte contrária.

285. RECURSO DE REVISTA. ADMISSIBILIDADE PARCIAL PELO JUIZ-PRESIDENTE DO TRIBUNAL REGIONAL DO TRABALHO. EFEITO. O fato de o juízo primeiro de admissibilidade do recurso de revista entendê-lo cabível apenas quando parte das matérias veiculadas não impede a apreciação integral pela Turma do TST, sendo imprópria a interposição de agravo de instrumento.

COMENTÁRIO. O recurso de revista só é cabível e admitido nas hipóteses expressamente previstas em lei. A parte que pretende recorrer de revista deve apontar e demonstrar a divergência jurisprudencial, a violação literal de lei, convenção ou acordo coletivo, sentença normativa ou regulamento de empresa de observância obrigatória na base territorial que exceda a jurisdição do TRT prolator. O primeiro juízo de admissibilidade do recurso de revista é feito pelo Presidente do TRT, que pode recebê-lo ou denegá-lo (CLT, art. 896, § 1º). Se o Presidente do TRT admitir a revista por um dos fundamentos expostos pela parte, não o admitindo em relação aos demais, isso não impede a apreciação integral do recurso pela Turma do TST. Por essa razão, o TST diz ser incabível agravo de instrumento quando o juízo *ad quo* não acolher um ou mais fundamentos do recurso de revista. Contudo, se nenhum dos fundamentos são aceitos, e o TRT negar o processamento do recurso de revista, nesse caso, o agravo de instrumento é cabível. O juízo de admissibilidade feito pelo Presidente do TRT não vincula, de nenhuma forma, o juízo *ad quem*. O relator do recurso, no TST, pode negar ou não seguimento ao recurso de revista, mesmo após a apresentação das contra-razões (CPC, art. 518, parágrafo único), se ao analisar a causa não constatar os pressupostos exigidos para a interposição da revista, ou se verificar que a causa não oferece transcendência (CLT, art. 896-A).

286. SINDICATO. SUBSTITUIÇÃO PROCESSUAL. CONVENÇÃO E ACORDO COLETIVOS. A legitimidade do sindicato para propor ação de cumprimento estende-se também à observância de acordo ou convenção coletivos.

COMENTÁRIO. A Lei n. 8.984/1995 estendeu a competência da Justiça do Trabalho para conciliar e julgar dissídios que tenham origem no cumprimento de Convenções Coletivas de Trabalho ou Acordos Coletivos de Trabalho. Com a promulgação da Constituição Federal de 1988, a doutrina passou a defender a tese de que o art. 8º da CF/1988 não assegurava a substituição ampla, sendo possível apenas nos casos expressamente previstos em lei, ou seja, nas hipóteses do art. 872, parágrafo único, da CLT, que trata da ação de cumprimento, do art. 195, § 2º, que dispõe sobre a substituição processual nos pleitos de adicional de insalubridade ou periculosidade, da Lei n. 8.073/1990, que fixa os reajustes salariais previstos em lei de política salarial e, finalmente, do art. 25 da Lei n. 8.036/1990, quando a ação tem por objeto FGTS. Modernamente, porém, a substituição processual tem sido admitida de forma ampla e irrestrita porque proporciona maior eficiência na realização dos direitos. Recentes decisões do Supremo Tribunal Federal, por suas Turmas, reconheceram que o art. 8º da Constituição Federal prevê a legitimação extraordinária, admitindo a substituição processual ampla e irrestrita pelos sindicatos. Interpretando a Lei n. 8.073/90, esclareceu o STF que este diploma legal veio apenas explicitar o contido no art. 8º da CF/1988 e não se aplica apenas à matéria de reajustes salariais. Entende o STF que "O art. 8º, III da Constituição Federal, combinado com o art. 3º da Lei n. 8.073/90, autoriza a substituição processual do sindicato, para atuar na defesa dos direitos e interesses coletivos ou individuais de seus associados (AGRAG 153.148-PR, DJ 17.11.95)" (STF RE 202.063-0 — Ac. 1ª T., 27.6.97. Rel. Ministro Octávio Gallotti — LTr 61-11/1495).

Os sindicatos estão autorizados a exercer a substituição processual ampla em matéria trabalhista, em defesa de todos os membros da categoria, associados ou não ao sindicato. A legitimação, no caso, é extraordinária porque não há coincidência entre aquele que tem o direito — no caso, os empregados —, e aquele que faz a postulação em juízo — o Sindicato. A legitimação extraordinária é instituto de exceção, pelo qual alguém vem a juízo em nome próprio, exercendo direito de ação e agindo no processo em nome de outrem, postulando uma afirmação de direito, alcançando a decisão e os efeitos dela decorrentes. A substituição processual não se confunde com a representação; na primeira o legitimado age em nome próprio defendendo interesse do substituído; na segunda o representante age em nome alheio, no interesse alheio. São institutos que não se confundem.

A substituição processual é uma ação coletiva não pelo acúmulo subjetivo integrante do pólo ativo ou passivo, mas pela possibilidade de com ela alcançar uma dimensão coletiva, uma grande massa de trabalhadores. A Lei n. 8.078/1990 — Código de Defesa do Consumidor — traz os conceitos de interesses coletivos, difusos e individuais homogêneos, que podem ser defendidos por meio da ação coletiva. A ação coletiva não prejudica o direito individual de agir. O direito material individual também não fica prejudicado pelo alcance da decisão coletiva.

287. JORNADA DE TRABALHO. GERENTE BANCÁRIO (nova redação). A jornada de trabalho do empregado de banco gerente de agência é regida pelo art. 224, § 2º, da CLT. Quanto ao gerente geral de agência bancária, presume-se o exercício de cargo de gestão, aplicando-se-lhe o art. 62 da CLT.

COMENTÁRIO. O TST fixa, de forma objetiva, a jornada de trabalho do empregado bancário que ocupa o cargo de gerente, ignorando por completo o princípio da primazia da realidade. Em se tratando de empregado bancário que exerce cargo de confiança, a definição da regra jurídica aplicável depende de análise das circunstâncias que emergem da situação de fato. O gerente bancário pode enquadrar-se no *caput* do art. 224 ou no § 2º, ou ainda, no art. 62, II da CLT, não sendo o rótulo de "gerente" ou "gerente geral de agência" que irá definir qual a regra aplicável. O cargo de confiança, como tal definido pelo art. 62, *b* da CLT, pressupõe poderes de mando e gestão, que conferem ao empregado condições plenas de representar o empregador. Somente o empregado que detém tal *status* está liberado do cumprimento de jornada específica de trabalho exigida dos demais empregados. Já para a aplicação do § 2º do art. 224 da CLT, não se exige confiança máxima, sendo suficiente que se atribua ao empregado funções de maior responsabilidade, relevo e hierarquia. O art. 224, *caput*, aplica-se a todos os demais empregados bancários que não exercem cargo de confiança, inclusive ao gerente, se demonstrado que na realidade não ocupa cargo de maior responsabilidade ou relevo na hierarquia da empresa.

É preciso ter cautela para enquadrar o empregado bancário na exceção do art. 62, II da CLT, ainda que ocupe o cargo de gerente geral de agência, subtraindo-lhe o direito à remuneração do tempo trabalhado em sobrejornada. Para que isso ocorra, é preciso que se demonstre que além de estar investido de mandato em forma legal, exerce funções mais qualificadas, que o distingue dos demais empregados, inclusive no tocante à remuneração. Somente nesse caso admite-se que para o bom cumprimento desse mandato deva trabalhar além do horário normal de trabalho, exigência da própria função exercida. O simples fato de constar nos documentos que o empregado exerce cargo de gerente ou gerente geral de agência não é suficiente para enquadrar o empregado na regra de exceção do art. 224, § 2º ou do art. 62, II da CLT, para fins de justificar trabalho além de um limite razoável.

288. COMPLEMENTAÇÃO DE PROVENTOS DE APOSENTADORIA. A complementação dos proventos de aposentadoria é regida pelas normas em vigor na data da admissão do empregado, observando-se as alterações posteriores desde que mais favoráveis ao beneficiário do direito.

COMENTÁRIO. Em regra, a complementação de aposentadoria é regida por norma regulamentar ou cláusula inserida no contrato individual de trabalho. Segundo entendimento pacífico na Jurisprudência trabalhista (TST, Enunciado n. 51), as cláusulas regulamentares vigentes no momento da contratação do empregado não podem ser revogadas ou alteradas, salvo se mais benéficas. As alterações no regulamento ou no contrato, se importar em diminuição de vantagens ou supressão de direitos, não atingem os empregados que já prestam serviços na empresa. O regulamento de empresa é fonte vinculante de Direito do Trabalho e, quando estabelece condições especiais e mais benéficas, se sobrepuja à lei. Conforme esclarece o TST, a complementação de aposentadoria é regida pelas normas em vigor na data da admissão do empregado, observando-se as alterações posteriores desde que mais favoráveis ao beneficiário do direito. O plano de aposentadoria criado pela empresa agrega-se ao contrato de trabalho, e as condições estabelecidas, como idade mínima, tempo de serviço, tempo de contribuição etc., não podem ser modificadas se implicar prejuízos ao trabalhador. As alterações prejudicias no regulamento de empresa ou no contrato de trabalho são sancionadas com a declaração de nulidade (CLT, art. 9º).

289. INSALUBRIDADE. ADICIONAL. FORNECIMENTO DO APARELHO DE PROTEÇÃO. EFEITO. O simples fornecimento do aparelho de proteção pelo empregador não o exime do pagamento do adicional de insalubridade. Cabe-lhe tomar as medidas que conduzam à diminuição ou eliminação da nocividade, entre as quais as relativas ao uso efetivo do equipamento pelo empregado.

COMENTÁRIO. Os equipamentos de proteção individual são confeccionados em um único modelo e tamanho, e na maioria das vezes não se adequam a uma infinidade de perfis — baixos, altos, magros, obesos —, causando extremo desconforto, não raro, dificultando e até mesmo inviabilizando o uso. O empregador também não tem conhecimento sobre quais são os equipamentos mais adequados para prevenir, amenizar ou afastar as condições de risco existentes no ambiente de trabalho. Também não investe em programas de treinamento dos trabalhadores para conscientizá-los dos riscos da atividade e sobre o uso correto dos EPI's (NR-9.3.5.5). O fornecimento dos EPI's é, em regra, insuficiente, tem de ter longo prazo de duração para reduzir os custos.

A fiscalização do uso efetivo do equipamento é responsabilidade do empregador, que pode impor punição aos empregados que deixem de cumprir as determinações de uso do equipamento.

A insalubridade tem causado lesões de difícil, senão, de impossível reparação. É causa de formação de uma grande massa de lesados e debilitados, afastados do mundo do emprego, destituídos de direitos, com sérios comprometimentos à sobrevivência. A gravidade dessa questão social exige medidas preventivas e corretivas, com imposição de multas e indenizações, para coibir o descaso com que são tratadas as questões relacionadas a medicina e segurança do trabalho.

291. HORAS EXTRAS. REVISÃO DO ENUNCIADO N. 76. A supressão, pelo empregador, do serviço suplementar prestado com habitualidade, durante pelo menos um ano, assegura ao empregado o direito à indenização correspondente ao valor de um mês das horas suprimidas para cada ano ou fração igual ou superior a seis meses de

Manual de Jurisprudência do TST

prestação de serviço acima da jornada normal. O cálculo observará a média das horas suplementares efetivamente trabalhadas nos últimos doze meses, multiplicada pelo valor da hora extra do dia da supressão.

COMENTÁRIO. O Enunciado n. 76 do TST contemplava os princípios da inalterabilidade do contrato e da condição mais benéfica. Se o empregado recebesse horas extras por um longo período de tempo, esse suplemento salarial não poderia ser sumariamente subtraído de seu patrimônio jurídico, pois com ele já contava para a satisfação de suas necessidades e de sua família. Esse Enunciado foi cancelado pela Res. TST n. 121, de 28.10.2003, mantendo o TST o entendimento de que a supressão é possível, mas nesse caso o empregador deve indenizar o empregado com o pagamento de valor correspondente a um mês das horas suprimidas para cada ano ou fração igual ou superior a seis meses de prestação de serviço em que houve trabalho além da jornada normal. O cálculo se faz com base na média das horas suplementares prestadas nos últimos doze meses, multiplicada pelo valor da hora extra do dia da supressão.

293. ADICIONAL DE INSALUBRIDADE. CAUSA DE PEDIR. AGENTE NOCIVO DIVERSO DO APONTADO NA INICIAL. A verificação mediante perícia de prestação de serviços em condições nocivas, considerado agente insalubre diverso do apontado na inicial, não prejudica o pedido de adicional de insalubridade.

COMENTÁRIO. Prevê o art. 460 do CPC que "É vedado ao juiz proferir sentença, a favor do autor, de natureza diversa da pedida, bem como condenar o réu em quantidade superior ou em objeto diverso do que lhe foi demandado". As questões apresentadas na inicial e na contestação fixam os limites da lide, e as inovações posteriores são vedadas pelo art. 460 do CPC. Contudo, a regra de que os pedidos judiciais devem ser certos e determinados não se aplica quando o empregado pleiteia adicional de insalubridade, indicando agente diverso do que foi constatado pelo laudo pericial. Isso porque não se exige que o trabalhador, no mais das vezes pessoa de pouco estudo, tenha conhecimentos técnicos para definir, com exatidão, qual é o agente causador da insalubridade. As partes estão atreladas a *litiscontestatio*, mas o juiz pode decidir livremente, segundo as circunstâncias do caso, embora o art. 128 seja taxativo ao afirmar que deve decidir nos limites em que fora proposta a lide. A insalubridade só pode ser atestada por meio de laudo técnico que identifica diversas especificações, entre elas as condições ambientais de trabalho, o registro dos agentes nocivos e a conclusão de que a exposição a estes agentes é ou não prejudicial à saúde e/ou a integridade física. O laudo deve observar as formalidades descritas no item 2.2 da Ordem de Serviço n. 600, de 2.2.1998, do INSS/DSS.

294. PRESCRIÇÃO. ALTERAÇÃO CONTRATUAL. TRABALHADOR URBANO. Tratando-se de ação que envolva pedido de prestação sucessivas decorrente de alteração do pactuado, a prescrição é total, exceto quando o direito à parcela esteja também assegurado por preceito de lei.

COMENTÁRIO. O Enunciado n. 294 do C. TST é inovador e extrapola os limites da lei. Os dispositivos legais que regulam o instituto da prescrição não fazem a exceção feita pelo TST. Não há, na lei, previsão de "prescrição total", o que permite a conclusão de que a interpretação imprimida pelo TST, além de inédita, é prejudicial ao trabalhador. Dizer que a prescrição é parcial quando a parcela, ou seja, a prestação que seria devida mês-a-mês está expressamente assegurada em lei, significa nada acrescentar ao que a lei já diz. Porém, afirmar a prescrição do próprio fundo do direito, quando este não está previsto em lei, é interpretar a lei ao avesso. É o mesmo que autorizar alterações contratuais prejudiciais sob o argumento, no mínimo simplório, de que a verba não está assegurada expressamente na lei. É permitir que direitos trabalhistas típicos como são as gratificações semestrais, os anuênios, os auxílios alimentação e moradia etc., sejam simplesmente abolidos da vida do trabalhador, inclusive quando já haviam se incorporado ao seu patrimônio jurídico. Exigir que o empregado ajuíze ação trabalhista enquanto vigente seu contrato de trabalho, para questionar lesão de direito e impedir que a prescrição faça perecer a pretensão, é o mesmo que afirmar a destituição antecipada desses direitos e permitir lesões de toda ordem, pois tão logo o empregador toma conhecimento da ação ajuizada, o empregado perde seu emprego. Essa é a regra. Portanto, não é razoável que possa fluir a prescrição enquanto vigente o contrato de trabalho, fazendo perecer a pretensão de direito material porque não foi proposta a ação visando à declaração de nulidade do ato prejudicial, que tem fundamento no contrato e não na lei. O direito em reivindicar a nulidade de tais atos não pode coincidir com o momento da lesão se o contrato permanece em vigor, sob pena de prejuízos irreparáveis ao trabalhador.

295. APOSENTADORIA ESPONTÂNEA. DEPÓSITO DO FGTS. PERÍODO ANTERIOR À OPÇÃO (nova redação). A cessação do contrato de trabalho em razão de aposentadoria espontânea do empregado exclui

o direito ao recebimento de indenização relativa ao período anterior à opção. A realização de depósito na conta do FGTS de que trata o § 3º do art. 14 da Lei n. 8.036/90, de 11.5.1990, é faculdade atribuída ao empregador.

COMENTÁRIO. A interpretação do TST, no tocante à indenização relativa ao período anterior à opção, favorece apenas uma das partes da relação de emprego: o empregador. Nas aposentadorias por tempo de serviço e por idade subsiste o contrato de trabalho para todos os efeitos legais. Se o contrato não é extinto, mantém-se todas as condições anteriores, principalmente, as benéficas. Se a lei é omissa no tocante aos casos de aposentadoria espontânea, a lacuna deve ser suprida pela analogia, pelo costume, ou pelos princípios gerais do direito, diz o art. 4º da Lei de Introdução ao Código Civil. Em se tratando de Direito do Trabalho, o art. 8º da CLT manda invocar os princípios do direito do trabalho. A doutrina tem-se inclinado pela aplicação do princípio da proteção, que exige interpretação mais favorável ao trabalhador, de forma que nenhuma norma jurídica possa ser interpretada de forma a causar diminuição nas condições em que se achava inserido o trabalhador. Admitir-se que a aposentadoria espontânea obste o direito do trabalhador à indenização do período anterior a opção significa autorizar fraude à lei. Basta que o empregador aguarde a aposentadoria do empregado que prestou serviços por vários anos. Com a aposentadoria fica desonerado do pagamento da indenização legal. Pode manter o contrato vigorando por mais um curto período de tempo, dispensando o empregado a seguir, sem que seja obrigado a indenizá-lo. Portanto, se o empregado se aposenta, permanecendo ou não em serviço, tem direito à indenização do período anterior à opção pelo regime de FGTS em sua integralidade.

296. RECURSO. DIVERGÊNCIA JURISPRUDENCIAL. ESPECIFICIDADE. A divergência jurisprudencial ensejadora da admissibilidade, do prosseguimento e do conhecimento do recurso há de ser específica, revelando a existência de teses diversas na interpretação de um mesmo dispositivo legal, embora idêntico os fatos que as ensejaram.

COMENTÁRIO. A divergência jurisprudencial se verifica quando um tribunal regional dá interpretação diferente ao mesmo dispositivo de lei, convenção ou acordo coletivo, regulamento de empresa ou sentença normativa, de outra que houver sido dada por outro tribunal regional. Não se admite recurso de revista por divergência de interpretação entre turmas de um mesmo tribunal, embora essa hipótese em nada se diferencie da outra, em que a divergência se dá entre tribunais diferentes.

Se o tribunal regional não faz a unificação de sua jurisprudência, como manda o art. 896, § 3º da CLT, esse fato não pode prejudicar a parte, impedindo-a de recorrer. A possibilidade de êxito é muito grande, pois entre duas interpretações divergentes, sendo idêntico o fato que as ensejaram, é perfeitamente possível o acolhimento daquela que mais favoreça a parte.

297. PREQUESTIONAMENTO. OPORTUNIDADE. CONFIGURAÇÃO (nova redação). 1. Diz-se prequestionada a matéria ou questão quando na decisão impugnada haja sido adotada, explicitamente, tese a respeito. 2. Incumbe à parte interessada, desde que a matéria haja sido invocada no recurso principal, opor embargos declaratórios objetivando o pronunciamento sobre o tema, sob pena de preclusão. 3. Considera-se prequestionada a questão jurídica invocada no recurso principal sobre a qual se omite o Tribunal de pronunciar tese, não obstante opostos embargos de declaração.

COMENTÁRIO. O prequestionamento exigido para interposição do recurso de revista não significa que o juiz tenha de rebater, uma a uma, todas as teses expostas pelas partes no processo. Quando o juiz profere a decisão, não fica adstrito às razões jurídicas articuladas pelas partes. A decisão atende o disposto no art. 93 da CF/1988 quando, embora tenha um único fundamento, acolhe ou afasta, expressa ou implicitamente, os argumentos expendidos pelas partes, fundamentando-a de forma adequada. O TST, no julgamento do recurso de revista n. 92.875/93.5 — AC.SDI 321/96, 13.2.1996, que teve como relator o Ministro Indalécio Gomes Neto, esclareceu que "A fundamentação da sentença se insere no princípio do devido processo legal, trazido de forma expressa no direito constitucional brasileiro — art. 93, inciso IX, e é, sem dúvida, uma grande garantia de justiça quando consegue reproduzir, exatamente "(...) como num levantamento topográfico, o itinerário lógico que o Juiz percorreu para chegar à sua conclusão, pois se esta é errada, pode facilmente encontrar-se, através dos fundamentos, em que altura do caminho o magistrado se desorientou"(*Calamandrei*). Isto não significa que a fundamentação da sentença ou do acórdão deva ser estritamente silogística, bastando que não falte com os reclamos de logicidade e com os deveres impostos ao julgador pela legislação processual e pelo preceito constitucional. Não é nula a sentença fundamentada sucintamente e que dá os fundamentos em que foram analisadas as questões de fato e de direito, ainda que não rebatidas todas as questões jurídicas trazidas pelas partes. O chamado "prequestionamento" ensejador do recurso de revista e do recurso de embargos não constrange o julgador a rebater todos os questionamentos jurídicos trazidos pelas partes, desde que não deixe de fundamentar o essencial".

298. AÇÃO RESCISÓRIA. VIOLÊNCIA DE LEI. PREQUESTIONAMENTO. A conclusão acerca da ocorrência de violência literal de lei pressupõe pronunciamento explícito, na sentença rescindenda, sobre a matéria veiculada.

COMENTÁRIO. O "prequestionamento" exigido pelo TST como fundamento da ação rescisória é regra de exceção, pois se a sentença rescindenda não se manifestou expressamente sobre a matéria impugnada, não há como verificar a ocorrência de violência literal da lei.

Em se tratando de recurso ordinário, o prequestionamento não é pressuposto para conhecimento do recurso pelo TRT. O juiz monocrático das Varas do Trabalho não precisa afastar, uma a uma, todas as teses e as alegações das partes, sob pena de transformar sua decisão num imenso diálogo, com perda de tempo e energia. O prequestionamento não é pressuposto para o conhecimento do recurso ordinário, segundo interpretação extraída do art. 515 do CPC, aplicável ao processo do trabalho conforme prevê o art. 769 da CLT. Nos termos do art. 515 do CPC, "A apelação devolverá ao Tribunal o conhecimento da matéria impugnada. § 1º Serão, porém, objeto de apreciação e julgamento pelo Tribunal todas as questões suscitadas e discutidas no processo, ainda que a sentença não as tenha julgado por inteiro. § 2º Quando o pedido ou a defesa tiver mais de um fundamento e o juiz acolher apenas um deles, a apelação devolverá ao Tribunal o conhecimento das demais".

299. AÇÃO RESCISÓRIA. PROVA DO TRÂNSITO EM JULGADO DA SENTENÇA OU DO ACÓRDÃO RESCINDENDO. É indispensável ao processamento da ação rescisória a prova do trânsito em julgado da decisão rescindenda. Verificando o relator que a parte interessada não juntou à inicial o documento comprobatório, abrirá prazo de dez dias para que o faça, sob pena de indeferimento.

COMENTÁRIO. A prova do trânsito em julgado da decisão que se pretende rescindir é da substância do ato. Se a parte não produz essa prova, sendo ela essencial para que seja analisada a sua pretensão, a inicial pode ser liminarmente indeferida, segundo dicção dos arts. 267, I, c/c art. 295, I, ambos do CPC. A concessão de prazo para emenda da inicial é faculdade do juiz.

300. COMPETÊNCIA DA JUSTIÇA DO TRABALHO. CADASTRAMENTO NO PIS. Compete à Justiça do Trabalho processar e julgar ações ajuizadas por empregados em face de empregadores relativas ao cadastramento no Programa de Integração Social (PIS).

COMENTÁRIO. O art. 114 da Constituição Federal ampliou a competência da Justiça do Trabalho para abranger outras controvérsias resultantes da relação de trabalho. É competente a Justiça do Trabalho para conhecer, processar e julgar os pedidos de indenização pela falta de cadastramento no PIS ou de informação na RAIS, já que decorrentes da relação de emprego. Com o advento da CF/1988 os recursos do PIS foram direcionados ao financiamento do seguro-desemprego. Para percepção do abono anual basta que o beneficiário tenha carteira assinada, por um período mínimo previsto na lei, e comprove a percepção de até dois salários mínimos mensais (Lei Complementar n. 7/1970). Se o empregador deixa de cadastrar o empregado no PIS, responde pelo prejuízo a que der causa. A indenização substitutiva, nesse caso, é perfeitamente cabível.

301. AUXILIAR DE LABORATÓRIO. AUSÊNCIA DE DIPLOMA. EFEITOS. O fato de o empregado não possuir diploma de profissionalização de auxiliar de laboratório não afasta a observância das normas da Lei n. 3.999, de 15.12.1961, uma vez comprovada a prestação de serviços na atividade.

COMENTÁRIO. A remuneração recebida pelo empregado é a contraprestação pelos serviços prestados. Não pode exercer uma determinada função, que exige maiores conhecimentos técnicos e maior responsabilidade, e não ser contemplado com as vantagens inerentes ao exercício dessa função. Se o empregado exerce a função de auxiliar de laboratório, sem que possua especialização para o exercício da função, esse fato não pode ser invocado pelo empregador para desonerar-se do pagamento dos direitos previstos em lei, sob pena de enriquecimento ilícito. Ainda que empregado não possua diploma de profissionalização de auxiliar de laboratório, deve o empregador observar as disposições da Lei n. 3.999, de 15.12.1961. A hipótese não é de mera colaboração na execução normal do contrato, já que o exercício da função exige do empregado maior preparo, conhecimento técnico e responsabilidade.

303. FAZENDA PÚBLICA. DUPLO GRAU DE JURISDIÇÃO (nova redação). Está sujeita ao duplo grau de jurisdição, mesmo na vigência da CF/1988, decisão contrária à Fazenda Pública, salvo: a) quando a

condenação não ultrapassar o valor correspondente a sessenta salários mínimos; b) quando a decisão estiver em consonância com decisão plenária do STF ou com Enunciados de Súmulas ou Orientação Jurisprudencial do TST.

COMENTÁRIO. A Lei n. 10.352/2001 deu nova redação ao art. 475, do CPC, o qual passou a prever que "Está sujeita ao duplo grau de jurisdição, não produzindo efeito, senão depois de confirmada pelo Tribunal, a sentença: I — proferida contra a União, o Distrito Federal, o Município e as respectivas autarquias e fundações de direito público; II — que julgar procedentes, no todo ou em parte, os embargos à execução de dívida ativa da Fazenda Pública (art. 585, VI)". Foram feitas alterações no § 2º, passando a dispor que "Não se aplica o disposto neste artigo sempre que a condenação, ou o direito controvertido, for de valor certo não excedente a 60 (sessenta) salários mínimos, bem como no caso de procedência dos embargos do devedor, na execução de dívida ativa do mesmo valor".

O § 2º do art. 475 do CPC contempla a regra de que o autor nem sempre precisa aguardar a confirmação da sentença de mérito, para obter, caso se lhe reconheça que tem razão, a tutela jurisdicional pleiteada. Esse dispositivo legal vem de encontro às diretrizes e aos princípios do processo do trabalho, está em sintonia com os princípios informativos do processo moderno, que tem como objetivo primordial sua efetividade. As decisões proferidas pela Justiça do Trabalho não mais sujeitam-se ao duplo grau de jurisdição quando for contrária à Fazenda Pública se a condenação não ultrapassar o valor correspondente a sessenta salários mínimos, e quando a decisão estiver em consonância com decisão plenária do STF ou com Enunciados de Súmulas ou Orientação Jurisprudencial do TST.

Os privilégios assegurados pelo Decreto n. 779/69 à Fazenda Pública não se justificam nos tempos atuais, até porque ferem os princípios da celeridade e da igualdade de todos perante a lei (CF/1988, art. 5º). As novas vertentes do processo defendem a celeridade, a simplicidade, a instrumentalidade de formas, ou seja, a desburocratização do processo para impedir sua morosidade. A lentidão do processo judicial é deficiência ligada principalmente à benevolência da lei, que concede privilégios exagerados, prazos dilatados, recursos desnecessários. O devido processo legal não pode e não deve ser concebido como mera garantia de formas sem atentar para a realidade no qual se opera, sob pena de preservar privilégios. O apego excessivo às leis e às formas processuais pode acarretar mais prejuízos que benefícios, porque compromete a efetividade do processo.

304. CORREÇÃO MONETÁRIA. EMPRESAS EM LIQUIDAÇÃO. ART. 46 DO ADCT/CF — REVISÃO DO ENUNCIADO N. 284. Os débitos trabalhistas das entidades submetidas aos regimes de intervenção ou liquidação extrajudicial estão sujeitos a correção monetária desde o respectivo vencimento até seu efetivo pagamento, sem interrupção ou suspensão, não incidindo, entretanto, sobre tais débitos, juros de mora.

COMENTÁRIO. Não se aplica aos créditos trabalhistas a Lei n. 6.024/1974, no que tange a suspensão da exigibilidade das obrigações vencidas ou a fluência de prazo das obrigações vincendas das empresas em liquidação extrajudicial. O crédito trabalhista tem natureza alimentar, é fonte de subsistência do empregado e de sua família.

Com relação aos juros de mora, o TST diz que não incide sobre os débitos trabalhistas das empresas em liquidação extrajudicial. O entendimento do TST não se justifica de maneira razoável, pois impedir a incidência de juros sobre os débitos de natureza trabalhistas, por se tratar de entidades sob intervenção ou liquidação extrajudicial significa autorizar que os riscos do negócio sejam suportados pelo trabalhador, premiando-se o empregador que não geriu bem os seus negócios e não quitou os direitos dos empregados no momento devido.

305. FUNDO DE GARANTIA DO TEMPO DE SERVIÇO. INCIDÊNCIA SOBRE O AVISO PRÉVIO. O pagamento relativo ao período do aviso prévio, trabalhado ou não, está sujeito a contribuição para o FGTS.

COMENTÁRIO. O contrato de trabalho não se extingue automaticamente com a comunicação da demissão. Após a comunicação, seja ela feita pelo empregado ou pelo empregador, permanece vigente o contrato de trabalho por mais trinta dias, surtindo todos os efeitos que lhe são próprios, ainda que o empregador indenize o período do aviso. Portanto, o pagamento relativo ao período do aviso prévio indenizado gera contribuição para o FGTS, entendimento pacífico na esfera trabalhista. Se o aviso prévio é cumprido em serviço, o entendimento é o mesmo, pois sobre o salário do mês do aviso incide o FGTS.

307. JUROS. IRRETROATIVIDADE DO DECRETO-LEI N. 2.322, DE 26.2.1987. A fórmula de cálculo de juros prevista no Decreto-lei n. 2.322, de 26.2.1987, somente é aplicável a partir de 27.2.1987. Quanto ao período anterior, deve-se observar a legislação então vigente.

COMENTÁRIO. O TST elimina divergências jurisprudenciais e doutrinárias quanto a aplicação de lei no tempo. Consolidou o entendimento de que a fórmula de cálculo dos juros de mora prevista no Decreto-lei n. 2.322, de 26.2.1987, somente é aplicável a partir de 27.2.1987, ou seja, do dia imediatamente posterior a vigência do decreto que a estabeleceu. Em se tratando de lei processual, a nova lei começa a vigorar na data de sua publicação, tem eficácia imediata, sendo aplicável inclusive aos processos em andamento, salvo disposição expressa em sentido contrário. Essa regra encontra fundamento no interesse social e na estabilidade das relações jurídicas. No que tange aos direitos materiais, o Estado não pode criar leis com efeitos retroativos, para atingir situações jurídicas já definitivamente constituídas, sob pena de gerar insegurança jurídica.

308. PRESCRIÇÃO QÜINQÜENAL. A norma constitucional que ampliou o prazo de prescrição da ação trabalhista para cinco anos é de aplicação imediata e não atinge pretensões já alcançadas pela prescrição bienal quando da promulgação da CF/1988.

COMENTÁRIO. A regra de prescrição dos créditos trabalhistas operante antes da promulgação da CF/1988 era a do art. 11 da CLT, que fixava em dois anos o prazo para ajuizamento da ação visando à reparação de qualquer ato infringente de dispositivo contido na CLT. As categorias de trabalhadores excluídos da aplicação das disposições celetistas (CLT, art. 7º), não eram alcançadas pela regra de prescrição do art. 11. A CF/1988 ampliou o prazo de prescrição, fixando-o em cinco anos para o trabalhador urbano, até dois anos após a extinção do contrato, e até o limite de dois anos após a extinção do contrato para o trabalhador rural. Com a entrada em vigor da Constituição Federal, surgiram controvérsias quanto a aplicação da nova regra de prescrição. Uma corrente inclinava-se pela aplicação imediata do art. 7º, XXIX, inclusive para os atos já praticados antes de sua entrada em vigor, fazendo renascer direitos que já estavam prescritos. Uma segunda corrente dizia que mesmo quando a prescrição já havia atingido o ato, isso não impedia o ajuizamento da ação para reivindicação dos direitos havidos nos últimos cinco anos do contrato. Uma terceira corrente defendia que o novo prazo de prescrição só atingia os atos ainda não prescritos na data da vigência da CF/1988. O TST adotou essa última corrente, consagrando os princípios do direito adquirido do empregador que já havia se beneficiado com a prescrição extintiva.

309. VIGIA PORTUÁRIO. TERMINAL PRIVATIVO. NÃO OBRIGATORIEDADE DE REQUISIÇÃO. Tratando-se de terminais privativos destinados à navegação de cabotagem ou de longo curso, não é obrigatória a requisição de vigia portuário indicado por sindicato.

COMENTÁRIO. O vigia portuário é regido pela Lei n. 8.630/1993, que dispõe sobre o regime jurídico da exploração dos portos organizados e das instalações portuárias, a atividade dos trabalhadores nos serviços de capatazia, de estiva, de conferentes, dos consertadores, de vigilância, dos trabalhadores no bloco, serviços de limpeza e conservação. O art. 57, § 3º desta lei, disciplina o serviço de vigilância definindo-o como sendo a atividade de fiscalização da entrada e saída de pessoas a bordo das embarcações atracadas ou fundeadas ao largo, bem como a movimentação de mercadorias nos portalós, rampas, porões, conveses, plataformas e em outros locais da embarcação.

Os portuários — pessoas que prestam serviços aos operadores dos portos — podem ser contratados pela CLT ou prestar serviços como avulsos, sendo que, quanto a estes, ficam subordinados às regras estabelecidas para o funcionamento dos portos e às celebradas com as entidades operadoras. O TST, atento ao princípio da autonomia de vontade que rege a prestação de serviços, esclarece que, em se tratando de terminais privativos destinados à navegação de cabotagem ou de longo curso, não é obrigatória a requisição de vigia portuário indicado por sindicato, não obstante a mão-de-obra seja administrada pelo Órgão de Gestão de Mão-de-Obra do Trabalho Portuário, entidade responsável pelo fornecimento de mão-de-obra, tanto do trabalhador avulso quanto do empregado. As relações de trabalho podem ser objeto de livre estipulação entre partes e, desde que não sejam contrárias às disposições legais, são lícitas.

311. BENEFÍCIO PREVIDENCIÁRIO A DEPENDENTE DE EX-EMPREGADO. Correção monetária. Legislação aplicável. O cálculo da correção monetária incidente sobre débitos relativos a benefícios previdenciários devidos a dependentes de ex-empregado pelo empregador, ou por entidade de previdência privada a ele vinculada, será previsto na Lei n. 6.899, de 8.4.1981.

COMENTÁRIO. O TST firmou o entendimento de que os benefícios previdenciários devidos aos dependentes de ex-empregado, seja pelo empregador ou por entidades de previdência privada por ele instituída, vencidos e cobrados na vigência da Lei n. 6.899/1981, devem ser corrigidos na forma estabelecida nesta lei. Para os demais casos, aplicam-se os indexadores oficiais de correção monetária.

312. CONSTITUCIONALIDADE. ALÍNEA *B* DO ART. 896 DA CLT. É constitucional a alínea *b* do art. 896 da CLT, com a redação dada pela Lei n. 7.701, de 21.12.1988.

COMENTÁRIO. A doutrina não é pacífica sobre a constitucionalidade da alínea b do art. 896 da CLT. Discute-se se é cabível recurso de revista quando a decisão der a dispositivo de lei, norma coletiva, sentença normativa ou regulamento de empresa interpretação divergente da que lhe houver dado outro Tribunal Regional ou Súmula de Jurisprudência uniforme do TST, pois a apreciação da norma coletiva, da sentença normativa e do regulamento pode exigir a produção de provas e análise de matéria de fato. Nesse caso, a divergência pode resultar de interpretações diferentes em razão da análise de fatos e provas. O STF não admite a interposição de recurso de revista para reexame de fatos e provas para corrigir a má apreciação da prova ou a injustiça da decisão (Súmula n. 279). O TST, em sentido contrário ao seu próprio entendimento (Enunciado n. 126), declarou que é constitucional a alínea b do art. 896 da CLT. São contraditórios os entendimentos consubstanciados nos Enunciados ns. 126 e 312 do TST.

313. COMPLEMENTAÇÃO DE APOSENTADORIA. PROPORCIONALIDADE. BANESPA. A complementação de aposentadoria, prevista no art. 106, e seus parágrafos, do regulamento de pessoal editado em 1965, só é integral para os empregados que tenham trinta ou mais anos de serviços prestados exclusivamente ao banco.

COMENTÁRIO. O art. 106 da norma regulamentar instituída e mantida pelo Banespa estabelece que "Ao funcionário estável que se aposentar pelo Instituto de Aposentadoria e Pensões dos Bancários, o Banco concederá um Abono Mensal. § 1º Ao funcionário ocupante do último cargo da carreira, que contar 60 ou mais anos de idade e tiver 30 ou mais anos de serviço efetivo no Banco, poderá ser concedida promoção automática a contar da data da vigência de sua aposentadoria, desde que esses benefícios sejam requeridos dentro de 120 dias seguintes àquele em que se completaram as condições deste parágrafo. § 2º Para o funcionário que tiver 30 ou mais anos de serviço efetivo o abono será equivalente à diferença entre a importância paga pelo I.A.P.B., e os vencimentos do cargo efetivo a que o funcionário pertencer na data da aposentadoria. § 3º O abono será proporcional ao tempo de serviço efetivo prestado ao Banco, nos demais casos".

A Subseção II Especializada em Dissídios Individuais do TST, no julgamento da Ação Rescisória n. AR 215.741/95.8[18], deixou claro que a interpretação do art. 106 e parágrafos do Regulamento do Banespa leva à

---
(18) CARRION, V. *Nova jurisprudência do direito do trabalho*. São Pauio: Saraiva, 1999, pp. 25-8.

conclusão de que a aposentadoria integral só contempla o funcionário estável, o aposentado pelo I.A.P.B., e aqueles que contam com mais de 30 anos de serviço efetivo. Se o funcionário contar com tempo superior a dez anos prestados ao Banco e se aposentar pelo órgão oficial, a complementação será integral, independentemente dos trinta anos terem sido ou não prestados ao Banespa. A proporcionalidade prevista no § 3º é apenas para os funcionários que tenham menos de dez anos de serviço prestado, ou seja, aos não estáveis, pois os §§ 2º e 3º não se vinculam, mantendo ligação direta apenas com o *caput* do artigo. Consta no julgamento que "não e concebe que o Banco, ao elaborar a única norma existente sobre Complementação de Aposentadoria tenha utilizado expressões diferentes com a mesma intenção, pois nos §§ 1º e 3º do art. 106, empregou a expressão '30 ou mais anos de serviço efetivo no Banco', enquanto que no § 2º fez constar apenas '30 ou mais anos de serviço efetivo'. Ora, se assim o fez, é porque quis tratar de forma diferente hipóteses diversas".[19]

O TST interpretou o mesmo artigo e seus parágrafos de forma diversa. No Enunciado n. 313 esclarece que a complementação de aposentadoria só é integral para os empregados que contem com trinta ou mais anos de serviços prestados exclusivamente ao Banco. Essa interpretação não observou os princípios que regem o contrato de trabalho. O regulamento que fixa condições para a complementação de aposentadoria, como idade mínima e tempo de serviço é norma pragmática que integra o contrato de trabalho, submetendo-se a todos os seus termos. Quando a complementação de aposentadoria é instituída pelo empregador, com requisitos próprios, não se altera até a data do adimplemento das condições estipuladas para aquisição do direito, salvo se a modificação implicar vantagens ao beneficiário (TST, Enunciado n. 288). Em sendo necessário interpretar o regulamento, a interpretação deve ser aquela que mais beneficia o trabalhador. No momento da interpretação, não podem ser esquecidos os princípios da justiça social (CF/88, art. 3º, III), da não discriminação (CF/1988, art. 3º, IV), da isonomia (CF/1988, art. 5º, I), da dignidade do ser humano (CF/1988, art. 1º, III), dos valores sociais e do trabalho (CF/1988, art. 1º, IV). O art. 193 diz também que "A ordem social tem como base o princípio do trabalho, e como objetivo, o bem-estar e a justiça social". Ao relacionar os princípios gerais da atividade econômica, o Art. 170 da CF/1988 fez expressa referência a "valorização do trabalho humano, a justiça social e a busca do pleno emprego". Há de se observar ainda o princípio da proteção, do qual decorrem o princípio *in dubio pro operario*, que aconselha o intérprete a escolher,

---

(19) *Idem, ibidem*, p. 27

entre duas ou mais interpretações, a mais favorável ao trabalhador, o princípio da norma mais favorável, independentemente de sua colocação na escala hierárquica das normas jurídicas, e o princípio da condição mais benéfica, que determina a prevalência das condições mais vantajosas para o trabalhador ajustadas no contrato ou constante do regulamento da empresa.

314. INDENIZAÇÃO ADICIONAL. VERBAS RESCISÓRIAS. SALÁRIO CORRIGIDO. Se ocorrer a rescisão contratual no período de trinta dias que antecede à data-base, observado o Enunciado n. 182 do TST, o pagamento das verbas rescisórias com o salário já corrigido não afasta o direito à indenização adicional prevista nas Leis ns. 6.708, de 30.10.1979, e 7.238, de 28.10.1984.

COMENTÁRIO. A indenização adicional prevista no art. 9º, da Lei n. 7.238/84 é devida ao empregado dispensado no período de trinta dias que antecede a data-base de sua categoria profissional, computando-se o período do aviso prévio indenizado para fins de alcance do direito assegurado pela norma (TST, Enunciado n. 182). Esclarece o TST que o pagamento das verbas rescisórias com o salário já corrigido não afasta o direito à indenização adicional.

315. IPC DE MARÇO/1990. LEI N. 8.030, DE 12.4.1990 (PLANO COLLOR). INEXISTÊNCIA DE DIREITO ADQUIRIDO. A partir da vigência da Medida Provisória n. 154, de 15.3.1990, convertida da Lei n.8.030, de 12.4.1990, não se aplica o IPC de março de 1990, de 84,32%, para a correção dos salários, porque o direito ainda não se havia incorporado ao patrimônio jurídico dos trabalhadores, inexistindo ofensa ao inciso XXXVI do art. 5º da CF/1988.

COMENTÁRIO. O Plano Collor, amparado Medidas Provisórias ns. 154 e 168, de 15 de março de 1990, convertidas nas Leis ns. 8.024 e 8.030, suprimiram a inflação de um período de tempo em razão da aplicação extemporânea do Bônus do Tesouro Nacional (BTN) em lugar do IPC na competência do mês de abril de 1990, porque o reajuste do indexador estabelecido não foi aplicado.

O entendimento do TST, no sentido de que o IPC de março de 1990, no percentual de 84,32% não é aplicável para a correção dos salários, é juízo fundado no interesse social, e ensejou o fim da exigibilidade da obrigação após vários anos de extensa controvérsia. O elevado índice de correção poderia implicar fechamento de muitas empresas, o agravamento do desemprego, pois principalmente o pequeno empregador não teria meios para corrigir os salários de seus empregados em percentuais elevados. Outro não pode ser o fundamento da decisão. Recentemente o

STF, no julgamento do RE n. 226.855-RS, ao afirmar a natureza institucional do FGTS, declarou que devem ser aplicadas às contas vinculadas de FGTS os índices expurgados pelos Planos Econômicos do Governo Federal, os quais teriam sonegado às contas do FGTS atualização monetária correspondente à inflação naqueles períodos. Se esse índice deve ser aplicado às contas de FGTS, deveria ser também aplicado aos salários.

318. DIÁRIAS. BASE DE CÁLCULO PARA SUA INTEGRAÇÃO NO SALÁRIO. Tratando-se de empregado mensalista, a integração das diárias no salário deve ser feita tomando-se por base o salário mensal por ele percebido e não o valor do dia de salário, somente sendo devida a referida integração quando o valor das diárias, no mês, for superior à metade do salário mensal.

COMENTÁRIO. O TST fixou parâmetros para o cálculo das diárias do empregado mensalista. Não esclarece, contudo, como deve ser o cálculo das diárias do empregado que recebe por dia, semana ou quinzena, para o horista, o comissionista, o tarefeiro etc. Na ausência de critérios objetivos, as diárias devem ser calculadas utilizando-se o mesmo critério aplicado ao empregado mensalista e, adquirem natureza salarial quando excedem a 50% da quantia total paga no mês, incluindo os RSR's quando não se tratar de empregado mensalista. Se outro fosse o entendimento, no caso dos empregados diarista e horista o valor das diárias iria ultrapassar o limite de 50% do salário-hora ou dia, e assim, no mais das vezes, teriam natureza salarial.

319. REAJUSTES SALARIAIS ("GATILHOS"). APLICAÇÃO AOS SERVIDORES PÚBLICOS CONTRATADOS SOB A ÉGIDE DA LEGISLAÇÃO TRABALHISTA. Aplicam-se aos servidores públicos, contratados sob o regime da CLT, os reajustes decorrentes da correção automática dos salários pelo mecanismo denominado de "gatilho", de que tratam os Decretos-leis ns. 2.284, de 10.3.1986, e 2.302, de 21.11.1986.

COMENTÁRIO. Os servidores públicos contratados pelo regime celetista têm direito à correção automática dos salários pelos chamados "gatilhos" (Decretos ns. 2.284/1986 e 2.302/1986), porque o aumento da remuneração decorre de lei.

320. HORAS *IN ITINERE*. OBRIGATORIEDADE DE CÔMPUTO NA JORNADA DE TRABALHO. O fato do empregador cobrar, parcialmente ou não, a importância pelo transporte fornecido, para local de difícil acesso ou não servido por transporte regular, não afasta o direito à percepção das horas *in itinere*.

COMENTÁRIO. As horas de transporte despendidas em condução fornecida pelo empregador, até local de difícil acesso ou não servido por transporte público regular são consideradas tempo de serviço, e integradas à jornada de trabalho do empregado, independentemente do empregado pagar ou não pelo transporte. Se assim não fosse seria suficiente que o empregador cobrasse qualquer valor, inclusive irrisório, para afastar a incidência das normas legais (CLT, arts. 4º e 58).

321. DECISÃO ADMINISTRATIVA. RECURSO. Das decisões proferidas pelos Tribunais Regionais do Trabalho, em processo administrativo, cabe recurso para o Tribunal Superior do Trabalho tão-somente para o reexame da legalidade do ato.

COMENTÁRIO. São irrecorríveis as decisões administrativas proferidas pelos TRT's em processo administrativo, salvo se infrigirem dispositivos de lei. A regra dominante na Justiça do Trabalho é no sentido de que o TST não interfere no julgamento de conveniência e oportunidade dos assuntos administrativos dos TRT's, assegurando aos órgãos integrantes das diferentes instâncias autonomia para decidir sobre seus assuntos internos.

322. DIFERENÇAS SALARIAIS. PLANOS ECONÔMICOS. Os reajustes salariais decorrentes dos chamados "gatilhos" e URP's, previstos legalmente como antecipação, são devidos tão-somente até a data-base de cada categoria.

COMENTÁRIO. Segundo a CLT, as negociações coletivas não podem ser celebradas com prazo de duração superior a dois anos (CLT, art. 614, § 3º). Vencido o prazo de vigência da norma coletiva novas condições de trabalho e remuneração são discutidas e negociadas. Isso, em regra, se faz na data-base, ou seja, no momento fixado na própria norma coletiva para a nova negociação coletiva. A Jurisprudência atribui caráter temporário às convenções e acordos coletivos de trabalho. Advindo novo instrumento coletivo, cessa a eficácia das cláusulas do instrumento anterior. Diante dessa particularidade que orienta a negociação coletiva, o TST firmou o entendimento de que os reajustes salariais decorrentes dos chamados "gatilhos" e da URP's, previstos em lei como antecipação, são devidos até a data-base de cada categoria.

324. HORAS *IN ITINERE*. ENUNCIADO N. 90. INSUFICIÊNCIA DE TRANSPORTE PÚBLICO. A mera insuficiência de transporte público não enseja o pagamento de horas *in itinere*.

COMENTÁRIO. O tempo gasto pelo empregado em transporte fornecido pelo empregador é considerado à disposição porque nesse período não tem o empregado livre disposição do tempo, uma vez que está atendendo a uma condição imprescindível à prestação dos serviços. Mas, para que o empregado adquira o direito às horas gastas em transporte na jornada diária de trabalho, duas são as condições exigidas pelo TST: a) veículo fornecido pelo empregador; b) local de trabalho de difícil acesso ou não servido por transporte público regular. O fato dos horários de ônibus não coincidirem com os horários de trabalho é irrelevante no campo jurídico, segundo o TST, e nesse caso, não há direito à incorporação das horas de transporte na jornada de trabalho. Esse entendimento é inaceitável, pois se os horários de ônibus e de trabalho não são coincidentes, não será possível a execução normal do contrato.

325. HORAS *IN ITINERE*. ENUNCIADO N. 90. REMUNERAÇÃO EM RELAÇÃO AO TRECHO NÃO SERVIDO POR TRANSPORTE PÚBLICO. Se houver transporte público regular, em parte do trajeto percorrido em condução da empresa, as horas *in itinere* remuneradas limitam-se ao trecho não alcançado pelo transporte público.

COMENTÁRIO. O tempo gasto em transporte pelo empregado é computado na jornada de trabalho do empregado e remunerado como horas extras (TST, Enunciado n. 320), quando o transporte é feito em veículo fornecido pelo empregador, e o local de trabalho é de difícil acesso ou não servido por transporte público regular. Se houver transporte público servindo parte do trajeto, as horas *in itinere* limitam-se ao tempo gasto no trecho não servido pelo transporte público, diz o TST.

326. COMPLEMENTAÇÃO DOS PROVENTOS DE APOSENTADORIA. PARCELA NUNCA RECEBIDA. PRESCRIÇÃO TOTAL. Tratando-se de pedido de complementação de aposentadoria oriunda de norma regulamentar e jamais paga ao ex-empregado, a prescrição aplicável é a total, começando a fluir do biênio a partir da aposentadoria.

COMENTÁRIO. Se o regulamento de pessoal estipula benefícios e estes não são conferidos ao empregado na vigência da relação de emprego, extinto o contrato o empregado tem o prazo de dois anos para pleitear judicialmente a integração da vantagem sonegada na complementação de sua aposentadoria. Se não o fizer dentro desse prazo, a prescrição é total, e segundo entende o TST.

A Constituição Federal, no art. 7º, XXIX, fixa um prazo específico para propor na Justiça Trabalhista ações referentes a créditos resultantes das relações de emprego. O prazo para propor a ação, em se tratando de créditos de natureza trabalhista, é de dois anos contados da extinção do contrato de trabalho. Se o crédito não tem natureza eminentemente trabalhista, como por exemplo a indenização por danos morais e materiais, a indenização pela falta de cadastramento no PIS, a complementação de proventos de aposentadoria etc., não se pode aplicar o prazo de prescrição dos créditos trabalhistas. Em tais hipóteses, o prazo de prescrição aplicável é o previsto no Código Civil, prescrevendo, ordinariamente as ações pessoais em dez anos (CC, art. 205), quando a lei não fixe prazo menor. Sempre que a reparação do dano, seja de natureza pecuniária ou não, não guardar relação com crédito de natureza trabalhista, ou seja, com verba ou contraprestação garantida por lei trabalhista, o empregado pode ajuizar a ação após o prazo de dois anos contados do rompimento do contrato de trabalho. Nesse sentido já decidiu o Tribunal Regional do Trabalho da 21ª região: "1. Em sendo o dano moral, resultante da relação de emprego é competente a Justiça do Trabalho para apreciar o pedido formulado. 2. Embora a competência seja da Justiça Obreira, a prescrição a ser aplicada é a do Código Civil, por não se tratar de verba trabalhista propriamente dita" (RO, n. 27-00378-96-5, publicado no DJE/RN em 15.1.1999, Acórdão n. 21.164). Uma reflexão mais aprofundada sobre a questão da prescrição não autoriza outra conclusão: quando a pretensão for no sentido de reivindicar a integração de vantagem sonegada na complementação de aposentadoria, não se aplicam os prazos de prescrição do art. 7º, inciso XXIX da Constituição Federal, e sim, o do Código Civil, sendo de 10 anos (CC, art. 205).

Se o empregado se aposenta e continua prestando serviços, o prazo de prescrição não flui. O término da prestação de serviços é o marco inicial da contagem do prazo prescricional.

327. COMPLEMENTAÇÃO DOS PROVENTOS DE APOSENTADORIA. DIFERENÇA. PRESCRIÇÃO PARCIAL (nova redação). Tratando-se de pedido de diferença de complementação de aposentadoria oriunda de norma regulamentar, a prescrição aplicável é a parcial, não atingindo o direito de ação, mas, tão-somente, as parcelas anteriores ao qüinqüênio.

COMENTÁRIO. Havendo previsão no regulamento empresarial, no contrato, convenção ou acordo coletivo de trabalho, da obrigação do empregador em complementar os proventos de aposentadoria de seu empregado, a prescrição é parcial e atinge somente as parcelas anteriores a cinco anos contados do ajuizamento da ação, desde que o direito de ação seja exercido no prazo de dois contados da extinção do contrato de trabalho, ou seja, da data em que o empregado definitivamente deixa de prestar serviços ao seu empregador.

Esse entendimento do TST não poderá prevalecer por muito tempo. Os argumentos expendidos no comentário do Enunciado n. 326 são aplicáveis a este Enunciado.

328. FÉRIAS. TERÇO CONSTITUCIONAL. O pagamento das férias, integrais ou proporcionais, gozadas ou não na vigência da CF/1988, sujeita-se ao acréscimo do terço previsto no respectivo art. 7º, XVII.

COMENTÁRIO. Após a CF/1988, o pagamento das férias anuais, sejam integrais ou proporcionais, são remuneradas com acréscimo de, no mínimo, 1/3 a mais do que o salário normal (CF/1988, art. 7º, XVII), independentemente de terem sido adquiridas antes da promulgação da Constituição, pois a regra do art. 7º, da CF/1988, é de aplicação imediata. A gratificação ou abono de férias, como é conhecido o acréscimo de 1/3, é verba distinta da remuneração das férias. Trata-se de um adicional devido por ocasião das férias, pago juntamente com as férias, e que tem natureza indenizatória.

329. HONORÁRIOS ADVOCATÍCIOS. ART. 133 DA CF/1988. Mesmo após a promulgação da CF/1988, permanece válido o entendimento consubstanciado no Enunciado n. 219 do TST.

COMENTÁRIO. O STF, ao interpretar o art. 133 da CF/1988 no julgamento do Proc. HC n. 67390-2 — PR, publicado no DJ de 6.4.1990, declarou que o advogado não é imprescindível em todos os processos judiciais. O TST entende que somente são devidos honorários advocatícios na Justiça do Trabalho, não excedentes à 15% do valor da condenação, quando, além da procedência total ou parcial dos pedidos, a parte estiver assistida pelo seu sindicato de classe, e declara sua condição de miserabilidade jurídica.

A Lei n. 8.906/94 diz que são devidos honorários de advogado em todos os processos judiciais. Essa regra não se aplica na Justiça do Trabalho, pois o STF confere às partes o direito de exercerem o *jus postulandi* na Justiça do Trabalho. Prevalece, assim, o disposto no art. 16 da Lei n. 5.584/1970, segundo o qual "Os honorários do advogado pagos pelo vencido reverterão em favor do Sindicato assistente". É a hipótese de assistência judiciária gratuita prestada pelo Sindicato da categoria profissional, quando o trabalhador percebe salário igual ou inferior ao dobro do mínimo legal, ou embora perceba maior salário, sua situação econômica não lhe permite demandar sem prejuízo de seu próprio sustento ou de sua família (Lei n. 5.584/1970, art. 14 e § 1º).

330. QUITAÇÃO. VALIDADE. A quitação passada pelo empregado, com assistência de entidade sindical de sua categoria, ao empregador, com observância dos requisitos exigidos nos parágrafos do art. 477 da CLT, tem eficácia liberatória em relação às parcelas expressamente consignadas no recibo, salvo se aposta ressalva expressa e especificada ao valor dado à parcela ou parcelas impugnadas. I — A quitação não abrange parcelas não consignadas no recibo de quitação e, consequentemente, seus reflexos em outras parcelas, ainda que estas constem desse recibo. II — Quanto a direitos que deveriam ter sido satisfeitos durante a vigência do contrato de trabalho, a quitação é válida em relação ao período expressamente consignado no recibo de quitação.

COMENTÁRIO. A lei prevê formalidades para tornar legítima a quitação passada pelo empregado ao seu empregador no término do contrato de trabalho. A exigência de assistência do sindicato ou a da presença da autoridade do Ministério do Trabalho ou das demais autoridades mencionadas no art. 477 da CLT, tem por objetivo preservar a autenticidade da manifestação de vontade do empregado, em razão de sua condição de miserabilidade jurídica.

Segundo o TST, a quitação outorgada pelo empregado ao empregador, com a devida assistência, e com a observância dos requisitos exigidos nos parágrafos do art. 477 da CLT, tem eficácia liberatória, porém, apenas em relação às parcelas expressamente consignadas no recibo, exceto quando há ressalva expressa e específica do valor dado às verbas pagas, que consideram-se quitadas. É imperativo ao afirmar que a quitação não abrange as verbas que não estejam expressamente nominadas no recibo de quitação, bem como as repercussões destas ou de outras que constem do recibo, se isso não estiver expressamente previsto. Se a quitação se referir a verbas não pagas na vigência do contrato, ela só alcança o período expressamente consignado no recibo de quitação.

A rescisão de contrato, ainda quando homologada pela autoridade competente, com ou sem ressalvas, não pode obstar o direito de ação. A eficácia liberatória das parcelas descritas no termo de rescisão não impede o empregado de pleitear em juízo as mesmas ou outras verbas, uma vez que o § 2º do art. 477 da CLT diz que o empregado outorga quitação apenas às verbas recebidas. O pagamento não é incontestável ou indiscutível, e não retira do empregado o direito ao exercício da prestação jurisdicional do Estado. Após a Constituição Federal de 1988, todos os atos jurídicos subordinam-se à regra do art. 5º, XXXV, e não se pode subtrair do judiciário a apreciação de lesão ou ameaça a direito.

331. CONTRATO DE PRESTAÇÃO DE SERVIÇOS. LEGALIDADE — INCISO IV ALTERADO PELA RES. N. 96/2000, DJ 18.9.2000. I — A contratação de trabalhadores por empresa interposta é ilegal, formando-se o vínculo diretamente com o tomador dos serviços, salvo no caso de trabalho temporário (Lei n. 6.019, de 3.1.1974). II — A contratação irregular de trabalhador, mediante empresa interposta, não gera vínculo de emprego com os órgãos da administração pública direta, indireta ou fundacional (art. 37, II, da CF/1988). III — Não forma vínculo de emprego com o tomador a contratação de serviços de vigilância (Lei n. 7.102, de 20.6.1983) e de conservação de limpeza, bem como a de serviços especializados ligados à atividade-meio do tomador, desde que inexistente a pessoalidade e a subordinação direta. IV — O inadimplemento das obrigações trabalhistas, por parte do empregador, implica a responsabilidade subsidiária do tomador dos serviços, quanto àquelas obrigações, inclusive quanto aos órgãos da administração direta, das autarquias, das fundações públicas, das empresas públicas e das sociedades de economia mista, desde que hajam participado da relação processual e constem também do título executivo judicial (art. 71 da Lei n. 8.666, de 21.6.1993).

COMENTÁRIO. Entende o TST que a intermediação de mão-de-obra é ilegal, e que o vínculo empregatício, nesse caso, forma-se com o tomador. Ressalva, contudo, cinco hipóteses: a) trabalho temporário (Lei n. 6.019/74); b) se o tomador dos serviços for órgão da administração pública direta, indireta ou fundacional (art. 37, II, da CF/1988); c) serviço de vigilância (Lei n. 7.102/1983); d) serviço de conservação e limpeza; e) serviços especializados ligados à atividade-meio do tomador, desde que inexistente a pessoalidade e a subordinação direta. Em caso de terceirização dos serviços, nas hipóteses em que o TST considera lícitas, a conseqüência do inadimplemento das obrigações trabalhistas, por parte do empregador — fornecedor de mão-de-obra —, implica responsabilidade subsidiária do tomador dos serviços, quanto àquelas obrigações, inclusive quando o tomador é órgão da administração direta, autarquias, fundações públicas, empresas públicas e sociedades de economia mista.

Fora das hipóteses em que o TST entende ser legítima a intermediação de mão-de-obra, o vínculo empregatício se forma diretamente com o tomador dos serviços, que fica responsável pela anotação da carteira de trabalho do empregado terceirizado, assumindo todos os demais encargos e obrigações legais.

A realidade demonstra nítida relativização do contrato de trabalho e precarização das condições de trabalho e remuneração. Isso resulta principalmente de dois fatores: 1) reestruturação das empresas que buscam fórmulas e meios para aumentar a produtividade e reduzir os custos de produção; 2) economia global, que derruba barreiras, impõe restrições à liberdade comercial, defende a flexibilidade do direito do trabalho e a desregulamentação de normas.

O direito do trabalho foi concebido como instrumento destinado a estabelecer um mínimo de justiça social e impedir a destruição dos fracos pelos fortes em razão da prevalência das leis econômicas e da liberdade contratual sobre o indivíduo. As novidades tecnológicas e as transformações sociais e econômicas têm modificado as relações de trabalho, favorecem as novidades, como é o caso do banco de horas, do trabalho em tempo parcial, dos contratos determinados, dos serviços terceirizados, do teletrabalho etc. O fenômeno da flexibilização ameaça reduzir, e tem reduzido ao mínimo as garantias trabalhistas. A transferência de autonomia às partes, compelindo-as às negociações formais ou informais, tem por objetivo eliminar, por completo, o poder regulador do Estado. A flexibilização nada mais representa do que um processo de desregulamentação do direito do trabalho e de desconstituição de direitos. Não gerou e não gera empregos, como mostra a realidade social, não passando de um discurso ideológico patrocinado pelo capital. A globalização impõe condições desumanas de trabalho, redistribui tempo e espaços, altera as relações de poder. Os novos modos de produzir divide os trabalhadores em vários grupos. Os qualificados — executivos, diretores, gerentes etc. —, que para sobreviver têm de se identificar plenamente com a empresa, como se fosse um objeto ou "coisa dela"; os pouco qualificados, como é o caso dos que trabalham na atividade-meio, onde a rotatividade de mão-de-obra é grande e os salários são baixos; os desqualificados, que são os eventuais, e os que trabalham a prazo ou a tempo parcial, e os que transitam entre o desemprego e emprego precário, sendo os mais explorados pelo sistema. Nesse terceiro grupo inserem-se os trabalhadores terceirizados, seqüela do desemprego, forma cruel de exploração do homem. O trabalhador é considerado uma peça no sistema de produção, pode ser descartado a qualquer tempo tanto pelo tomador como pelo fornecedor de mão-de-obra. Quando se tem um argumento como o desemprego, até mesmo os tribunais passam a considerar situações desumanas e injustas como razoáveis.

A terceirização tem destruído categorias inteiras de trabalhadores, como a dos bancários. Os postos de trabalho subordinados desaparecem para dar lugar a outras formas de prestação de serviços, onde impera a exploração, dá ensejo a desagregação de trabalhadores, propiciando o enfraquecimento dos sindicatos. Desaparece a união espontânea e natural de trabalhadores ligados pelo mesmo ideal. O enfraquecimento dos sindicatos, em razão da desagregação natural das categorias profissionais, faz com que se acomodem, abandonem a luta, tornando-se improdutivos, equiparando-se a mero órgão coorporativo, com funções recreativas e assistenciais. Lutam sim, mas pela própria sobrevivência, esquecendo-se que sua tarefa fundamental consiste na defesa dos interesses dos trabalhadores, frente aos empregadores e até mesmo ao Estado. Hoje, o grande desafio para os sindicatos não é só enfrentar os excessos da exploração empresarial, as más condições de vida dos trabalhadores, a reinvindicação por melhores salários ou por um ambiente de trabalho mais digno e menos prejudicial à saúde. O maior desafio é encontrar fórmulas para alcançar uma estrutura interna eficiente, com assessoria econômica, política, jurídica e administrativa avançada, moderna, atualizada e destemida. Os sindicatos não estão preparados, para negociar em igualdade de condições com empresas multinacionais ou mesmo com as grandes empresas nacionais, que contam com profissionais capacitados e habilitados em todas as áreas, internacionalizados e que conhecem não apenas a realidade do local da prestação dos serviços, mas também a realidade mundial.

332. COMPLEMENTAÇÃO DE APOSENTADORIA. PETROBRÁS. MANUAL DE PESSOAL. NORMA PROGRAMÁTICA. As normas relativas à complementação de aposentadoria, inseridas no Manual de Pessoal da Petrobras, têm caráter meramente programático, delas não resultando direito à referida complementação.

COMENTÁRIO. Normas programáticas são aquelas de aplicação diferida, ou seja, não têm execução imediata. São dirigidas mais ao legislador, no caso das normas jurídicas, ou ao empregador, no caso de manual ou regulamento de empresa, do que a coletividade, no primeiro

Manual de Jurisprudência do TST   137

caso, ou aos empregados, no segundo caso. São normas dotadas de valores e que conferem elasticidade ao negócio jurídico regrado. No caso de manual e/ou regulamento de empresa, o empregador tem liberdade para ponderar o tempo e o meio que serão necessários para revesti-las de eficácia. O empregado não pode invocar imediatamente a aplicação da norma programática, nem mesmo judicialmente, pois goza de mera expectativa de direito. São normas que contêm conceitos vagos e/ou indeterminados ou expressam cláusulas gerais. Quando se dirigem às relações de trabalho, são as que mais permitem mudanças no mundo do trabalho, pois refletem valores, permitindo que acompanhem as transformações sociais. Regulam, na maioria das vezes, os direitos fundamentais, organizam comportamentos, disciplinam atribuições, fixam competências, regulam as recíprocas relações entre o instituidor e o beneficiário, traçam as bases diretivas do comportamento, determinam fins jurídicos, políticos e sociais. São espécies de princípios gerais que se destinam a regular certas matérias ou determinadas relações e se dirigem para o futuro.

As normas programáticas não têm força vinculante imediata, somente obrigando no futuro, quando forem regulamentadas. Como suscitam dúvidas quanto à sua eficácia e juridicidade, muitas vezes servem de pretexto à sua inobservância, inclusive por aquele que a concebeu. Por essa razão, toda cautela é necessária para declarar que a norma é de caráter programático e, portanto, não obriga de imediato. Se essa for a hipótese, o juiz deve fixar prazo ao empregador para que complemente, esclareça ou adite a norma para que surta todos os efeitos que lhe são próprios, sob pena de permitir verdadeiro abuso de direito, pois pode se abster de praticar atos tendentes a dar executoriedade a norma. Quando o empregador não integrar a norma no prazo assinado, deve o juiz aplicar o disposto no art. 129 do CC, o qual declara que se reputa verificada, quanto aos efeitos jurídicos, a condição cujo implemento for maliciosamente obstado pela parte a quem desfavorecer. É dever do empregador que criou uma norma pragmática dar-lhe eficácia de ordem técnica, jurídica ou instrumental. As matérias definidas na norma programática devem ser efetivadas dentro de um tempo razoável, não podendo ser convertidas em simples promessas que os empregados tem de aguardar passivamente, por tempo indefinido, até que sejam cumpridas. O judiciário não só pode, como deve determinar que sejam transformadas em normas de eficácia plena, com imposição de multa e/ou cominação de que surtirá todos os efeitos prometidos se não adquirem plena eficácia no tempo e no prazo fixados, por negligência e/ou descaso do empregador.

333. RECURSO DE REVISTA E DE EMBARGOS. CONHECIMENTO. Não ensejam recursos de revista ou de embargos decisões superadas por iterativa, notória e atual jurisprudência do Tribunal Superior do Trabalho.

COMENTÁRIO. Os recursos de revista e de embargos não serão conhecidos se a decisão recorrida estiver em consonância com a jurisprudência iterativa, notória e atual do TST. O § 4º do art. 896 da CLT preconiza que "A jurisprudência apta a ensejar o Recurso de Revista deve ser atual, não se considerando como tal a ultrapassada por súmula, ou superada por iterativa e notória jurisprudência do Tribunal Superior do Trabalho". A Súmula n. 401 do STF também prevê que "não se conhece de recurso de revista, nem dos embargos de divergência do processo trabalhista quando houver jurisprudência firme do TST no mesmo sentido da decisão impugnada, salvo se houver colisão com a jurisprudência do STF".

336. CONSTITUCIONALIDADE. § 2º DO ART. 9º DO DECRETO-LEI N. 1.971, DE 30.11.1982. É constitucional o § 2º do art. 9º do Decreto-lei n. 1.971, de 30.11.1982, com a redação dada pelo Decreto-lei n. 2.100, de 28.12.1983.

COMENTÁRIO. O Decreto-lei n. 1971/1982 estabelece limite de remuneração mensal para os servidores, empregados e dirigentes da Administração Pública Direta e Autárquica da União e das respectivas entidades estatais, bem como para os do Distrito Federal e dos Territórios. O art. 9º do decreto citado prevê que "As entidades estatais não poderão pagar a seus servidores ou empregados, em cada ano do calendário, mais de 14 (catorze) salários, neles compreendida a gratificação de Natal (Lei n. 4.090/62), devendo ser considerados para efeito desse limite as cotas de participação nos lucros, as gratificações semestral ou anual, bem como quaisquer outros valores que venham sendo pagos com habitualidade e que dele excederem, ressalvado o disposto no § 1º do art. 10". O § 2º estabelece que "Aos servidores ou empregados admitidos até a vigência deste Decreto-lei nas entidades cujos estatutos prevejam a participação nos lucros fica assegurada essa participação, sendo vedado, porém, considerar para esse efeito a parcela resultante do saldo credor da conta de correção monetária, de que tratam o art. 185 da Lei n. 6.404, de 15 de dezembro de 1976, e 39 do Decreto-lei n. 1.598, de 26 de dezembro de 1977.

O TST declara que o § 2º do art. 9º citado, acrescentado pelo Decreto-lei n. 2.100/1983, é constitucional. Ao estabelecer limites de remuneração para os servidores, empregados e dirigentes da Administração Pública Direta e Autárquica da União e das respectivas entidades estatais, bem como para os do Distrito Federal e dos Territórios, o legislador limitou o pagamento anual dos servidores e empregados a catorze salários, já incluídos nesse limite a gratificação natalina, as cotas de participação nos lucros, as gratificações semestral ou anual e quaisquer valores pagos com habitualidade, salvo participação nos lucros paga aos servidores ou empregados admitidos até 30.11.1982 e que decorra de previsão estatutária. Nesse último caso, não será considerado para esse efeito a parcela resultante do saldo credor da conta de correção monetária, de que tratam os arts. 185 da Lei n. 6.404/1976, e 39 do Decreto-lei n. 1.598/1977.

337. COMPROVAÇÃO DE DIVERGÊNCIA JURISPRUDENCIAL. RECURSOS DE REVISTA E DE EMBARGOS (nova redação). Para comprovação da divergência justificadora do recurso, é necessário que o recorrente: I — Junte certidão ou cópia autenticada do acórdão paradigma ou cite a fonte oficial ou repositório autorizado em que foi publicado. II — Transcreva, nas razões recursais, as ementas e/ou trechos dos acórdãos trazidos à configuração do dissídio, demonstrando o conflito de teses que justifique o conhecimento do recurso, ainda que os acórdãos já se encontrem nos autos ou venham a ser juntados com o recurso.

COMENTÁRIO. O recurso de revista só é admitido, entre outras hipóteses, em caso de divergência de interpretação de lei, norma coletiva de trabalho ou regulamento de empresa, verificada entre tribunais regionais do trabalho. Esclarece o TST que para a comprovação da divergência o recorrente deve juntar certidão ou cópia autenticada do acórdão paradigma ou citar a fonte oficial ou repositório autorizado em que foi publicado. Deve, ainda, transcrever nas razões recursais as ementas e/ou trechos dos acórdãos trazidos à configuração do dissídio a fim de demonstrar o conflito de teses que justifica o conhecimento do recurso, independentemente dos acórdãos já se encontrarem no processo ou venham a ser juntados com o recurso. A cópia do acórdão paradigma deve observar o disposto no art. 830 da CLT, conter as fontes oficiais em que foi publicada ou o repertório autorizado de jurisprudência. O Ato n. 270/1994, redigido nos termos do art. 203 do Regimento Interno do TST, exige que o repertório idôneo possua tiragem superior a três mil exemplares e periodicidade mínima semestral.

338. JORNADA. REGISTRO. ÔNUS DA PROVA – NOVA REDAÇÃO. É ônus do empregador que conta com mais de dez empregados o registro da jornada de trabalho na forma do art. 74, § 2º da CLT. A não apresentação dos controles de freqüência gera presunção relativa de veracidade da jornada de trabalho, a qual pode ser elidida por prova em contrário.

COMENTÁRIO. A negativa do cumprimento da jornada de trabalho alegada pelo empregado transfere o ônus probatório ao empregador, quando a empresa conta com mais de dez empregados e não junta ao processo os controles de horário, como determina o art. 74, § 2º da CLT. A hipótese é a mesma quando, embora junte os controles de presença, esses não são verdadeiros, ou seja, não refletem a real jornada de trabalho do empregado, sendo, nesse caso, cabível a aplicação de penalidade pela litigância de má-fé. A não apresentação dos controles de freqüência ou a juntada de controles não verdadeiros gera presunção de veracidade da jornada de trabalho indicada pelo empregado, presunção que somente pode ser elidida por prova em sentido contrário. Negada simplesmente a existência ou a ocorrência do fato constitutivo do empregado, qual seja, de que não trabalhou em sobrejornada, sem que se cumpra o comando legal (CLT, art. 74, § 2º), ou o cumpra de forma irregular, o *ônus probandi* se transfere ao empregador, em razão da não observância dos comandos legais.

339. CIPA. SUPLENTE. GARANTIA DE EMPREGO. O suplente da CIPA goza da garantia de emprego prevista no art. 10, II, *a*, do ADCT da CF/1988.

COMENTÁRIO. O empregado que tem garantia de emprego assegurada pela lei, pelo contrato individual de trabalho, por normas coletivas de trabalho ou pelo regulamento de empresa, não pode ser despedido pela livre vontade do empregador, pois esse está impedido de exercer seu direito potestativo de dispensa. Quando o empregado é detentor de garantia de emprego, a demissão só é possível em caso de falta grave ou se houver encerramento das atividades da empresa. Nesse último caso o empregador tem de indenizar o período que faltava para o término da garantia de emprego.

O membro titular da CIPA, assim como o suplente, tem garantia de emprego, cujo escopo é evitar represálias patronais pelo fato de buscar garantias à classe representada. A lei proíbe a demissão sem justa causa do empregado eleito para cargo de comissão interna de prevenção de acidentes desde o registro da candidatura até um ano após o final do mandato. Como a lei não faz distinção entre titular e suplente, o TST consagrou o entendimento de que a garantia de emprego é extensiva também ao suplente. Os empregados que exercem cargo de direção de comissões internas de acidentes, precedida de processo eleitoral (CLT, art. 164, § 2º), sejam titulares ou suplentes, bem como aqueles que embora não eleitos, como é o caso do presidente da CIPA, que é indicado pelo empregador, têm garantia de emprego.

340. COMISSIONISTA. HORAS EXTRAS (nova redação). O empregado, sujeito a controle de horário, remunerado à base de comissões, tem direito ao adicional de, no mínimo, 50% pelo trabalho em horas extras, calculado sobre o valor-hora das comissões recebidas no mês, considerando-se como divisor o número de horas efetivamente trabalhadas.

COMENTÁRIO. O TST entende que o empregado remunerado à base de comissões, sujeito a controle de horário, tem direito apenas ao adicional de 50% pelo trabalho em horas extras. Não esclarece se essa forma de cálculo é aplicável apenas aos empregados remunerados à base exclusivamente de comissões, ou também àqueles que recebem remuneração mista (salário fixo e comissões). Nada diz também sobre a correção monetária das comissões. Dessa forma, aplicando-se os princípios da proteção e da igualdade, conclui-se que, por se tratar de regra prejudicial, tem interpretação restritiva, aplicando-se apenas ao comissionista puro. Quanto à correção, o valor das comissões deve ser corrigido monetariamente para após apurar a média que servirá de cálculo de férias, da gratificação natalina, das verbas rescisórias e de outras verbas legais e/ou contratuais.

O cálculo do adicional é feito sobre o valor-hora das comissões recebidas no mês, tendo como divisor o número de horas efetivamente trabalhadas. Essa forma de cálculo pode permitir trabalho sem remuneração. Se o empregado é remunerado exclusivamente à base de comissões, e se no horário suplementar não realiza nenhuma venda, fica legitimado o trabalho sem remuneração. O adicional de horas extras é calculado sobre as comissões auferidas no horário excedente ao limite legal, e se não há vendas nesse horário, conseqüentemente, não há comissões, e muito menos o adicional de horas extras.

Apenas a título ilustrativo, se no mês de dezembro, em que as vendas são boas, o empregado comissionado realiza duas horas extras por dia, no final do mês terá direito a receber um valor x de adicional de horas extras; no mês de janeiro, em que tradicionalmente as vendas são ruins, se o valor das comissões não atingir o piso da categoria, terá direito apenas ao salário mínimo ou o piso da categoria, conforme o caso; nesse mês realiza também duas horas extras por dia, contudo, no final no mês receberá um valor y, infinitamente menor que o pago no mês de dezembro. É isso o que indicam os números, numa situação hipotética em que o empregado recebe R$ 1.500,00 (média) de comissões no mês de dezembro; no mês de janeiro as vendas não atingem o piso da categoria. Se trabalha duas horas extras por dia, tendo como piso da categoria o valor de R$ 250,00, tem-se o seguinte resultado:

1) HORAS EXTRAS SOMENTE ADICIONAL DE 50% E COM ADICIONAL DE 50%

Período	N. H.E.	Base de cálculo	Vlr. Hora Normal	Vlr. Adicional 50%	Vlr. HE c/ Adic. 50%	Vlr. HE devida só adicional	Vlr. HE devida hora normal + adicional	Diferença % (a) 300
dez/01	62,00	1.750,00	7,95	3,98	11,93	246,59	739,77	
jan/02	62,00	250,00	1,14	0,57	1,70	35,23	105,68	
Diferença do valor a receber das horas extras entre dezembro e janeiro						211,36	634,09	
Percentual que o empregado terá direito a receber							14,29	
Em dezembro o empregado recebeu a mais %							700,00	

a) Diferença percentual a mais que o empregado receberia caso a base de cálculo fosse composta do salário fixo (R$ 250,00) + comissão (R$ 1.500,00);

b) O empregado receberia R$ 493,18 a mais do que os R$ 246,59 a que tem direito de receber.

2) HORAS EXTRAS SOMENTE ADICIONAL DE 50% E COM ADICIONAL DE 50%

Período	N. H.E.	Base de cálculo	Vlr. Hora Normal	Vlr. Adicional 50%	Vlr. HE c/ Adic. 50%	Vlr. HE devida só adicional	Vlr. HE devida hora normal + adicional	Diferença % (a) 300
dez/01	62,00	1.500,00	6,82	3,41	10,23	211,36	634,09	
jan/02	62,00	250,00	1,14	0,57	1,70		105,68	
Diferença do valor a receber das horas extras entre dezembro e janeiro						211,36	528,41	
Percentual que o empregado terá direito a receber							16,67	
Em dezembro o empregado recebeu a mais %							600,00	

3) HORAS EXTRAS — ADICIONAL DE 50% QUANDO AS COMISSÕES NÃO ATINGEM O PISO DA CATEGORIA

Período	N. H.E.	Base de cálculo	Vlr. Hora Normal	Vlr. Adicional 50%	Vlr. HE c/ Adic. 50%	Vlr. HE devida só adicional	Vlr. HE devida hora normal + adicional	Diferença % (a) 300
dez/01	62,00	1.500,00	6,82	3,41	10,23	211,36	634,09	
jan/02	62,00	250,00	1,14	0,57	1,70	35,23	105,68	
Diferença do valor a receber das horas extras entre dezembro e janeiro						176,14	528,41	
Percentual que o empregado terá direito a receber						163,67	16,67	
Em dezembro o empregado recebeu a mais %						600,00	600,00	

Dessa forma, o entendimento do TST não se sustenta de forma razoável, pois transfere ao trabalhador os riscos da atividade econômica, conforme matematicamente demonstram os gráficos acima. A disparidade de percentuais entre os valores de horas extras e adicional de horas extras, com e sem vendas, não pode ser simplesmente ignorada.

341. HONORÁRIOS DO ASSISTENTE TÉCNICO. A indicação do perito assistente é faculdade da parte, a qual deve responder pelos respectivos honorários, ainda que vencedora no objeto da perícia.

COMENTÁRIO. O pagamento dos honorários do assistente técnico indicado pela parte é de sua responsabilidade, seja ou não sucumbente no objeto da perícia. Ainda que se trate de beneficiário da Justiça Gratuita, os benefícios da gratuidade alcançam tão-somente as despesas do processo, não abrangendo os pagamentos devidos a terceiros.

342. DESCONTOS SALARIAIS. ART. 462 DA CLT. Descontos salariais efetuados pelo empregador, com autorização prévia e por escrito do empregado, para ser integrado em planos de assistência odontológica, médico-hospitalar, de seguro, de previdência privada, ou de entidade cooperativa, cultural ou recreativo-associativa de seus trabalhadores, em seu benefício e de seus dependentes, não afrontam o disposto no art. 462 da CLT, salvo se ficar demonstrada a existência de coação ou de outro defeito que vicie o ato jurídico.

COMENTÁRIO. O art. 462 da CLT proíbe o empregador de fazer descontos nos salários do empregado, salvo se resultar de adiantamentos, dispositivos de lei ou contrato coletivo, de dano causado pelo empregado, desde que essa possibilidade tenha sido ajustada no contrato, ou na ocorrência de dolo (CLT, art. 462, § 1º).

O art. 462 da CLT consagra o princípio da intangibilidade salarial, vedando descontos abusivos nos salários. Esse princípio admite exceções, como, por exemplo, descontos efetuados pelo empregador, com autorização prévia e por escrito do empregado, para ser integrado em planos de assistência odontológica, médico-hospitalar, de seguro, de previdência privada, ou de entidade cooperativa, cultural ou recreativo-associativa de seus trabalhadores, em seu benefício e de seus dependentes. Mas a legitimidade desses descontos subordina-se à prova da autorização expressa do empregado e da efetiva contratação do seguro e/ou da celebração dos convênios.

Os empréstimos que o empregador concede ao seu empregado não podem ser deduzidos dos salários. Se o empregador faz empréstimos ao empregado, não poderá cobrá-lo por meio de retenção do salário. Em caso de pagamento antecipado de comissões, se o consorciado desiste do negócio intermediado pelo empregado, as importâncias adiantadas não podem ser estornadas, pois implicaria transferência do risco da atividade econômica ao empregado. Somente em caso de falência do comprador é que o estorno das comissões é possível. O desconto da contribuição sindical é legítimo por tratar-se de contribuição compulsória (CLT, art. 545). No que tange às demais contribuições para o sindicato, tais como contribuição confederativa, assistencial, de solidariedade e outras, em regra, o desconto somente é legítimo se houver autorização expressa dos trabalhadores. A imposição compulsória fere os princípios da liberdade de filiação e da intangibilidade salarial. Os descontos salariais com habitação e alimentação têm seus percentuais fixados pelo art. 458, § 3º da CLT, para o caso de o empregado receber o salário mínimo, e são legítimos desde que autorizados. Os uniformes exigidos pelo empregador são de sua responsabilidade, não podendo ser descontados dos salários do empregado. Os descontos por cheques de clientes devolvidos pelo estabelecimento bancário não podem ser descontados dos salários do empregado, ainda que exerça o cargo de caixa ou gerente. O desconto consubstanciado no sistema *truck system* não é admitido pela ordem jurídica, porque representa sonegação de salário (CLT, art. 462, §§ 2º e 3º). O empregado trabalha mas não recebe todo ou parte do salário, que fica retido para pagamento de mercadorias adquiridas em estabelecimento do empregador.

Os descontos autorizados só são legítimos se as autorizações não forem obtidas por meio de coação, dolo ou fraude. O vício de vontade enseja a nulidade do ato, porém, deve ser provado.

343. BANCÁRIO. HORA DE SALÁRIO. DIVISOR – REVISÃO DO ENUNCIADO N. 267. O bancário, sujeito à jornada de oito horas (art. 224, § 2º da CLT), após a CF/1988, tem salário-hora calculado com base no divisor 220, não mais no 240.

COMENTÁRIO. A Constituição Federal fixa em oito horas diárias e quarenta e quatro semanal a jornada de trabalho do empregado. O divisor aplicável é 220, inclusive, para o empregado bancário inserido na regra do art. 224, § 1º da CLT.

344. SALÁRIO-FAMÍLIA. TRABALHADOR RURAL — REVISÃO DO ENUNCIADO 227 — RES. N. 14/1985, DJ 19.9.1985. O salário-família é devido aos trabalhadores rurais somente após a vigência da Lei n. 8.213, de 24.7.1991.

COMENTÁRIO. Antes da CF/1988, o entendimento predominante era no sentido de não ser devido o salário-família ao empregado rural com filhos menores de catorze anos ou inválidos de qualquer idade. Após a CF/1988, diante do disposto no art. 7º, *caput*, e inciso XII, o direito tornou-se controvertido, alguns entendendo que era devido ao trabalhador rural, outros não, argumentando que o art. 195 da CF/1988 dependia de norma que fixasse a fonte de custeio. O TST adotou esta última corrente. Somente com o advento da Lei n. 8.213/91, dispondo em seu art. 68 que o pagamento compete ao empregador, com possibilidade de ser ressarcido perante a Previdência Social, a controvérsia foi eliminada. A partir da publicação da Lei n. 8.212, de 24.7.1991, todos os trabalhadores rurais têm direito ao salário-família, nas mesmas hipóteses e nas mesmas condições em que é devido aos trabalhadores urbanos.

345. BANDEPE. REGULAMENTO INTERNO DE PESSOAL. NÃO CONFERE ESTABILIDADE AOS EMPREGADOS. O Regulamento Interno de Pessoal (RIP) do Banco do Estado de Pernambuco – BANDEPE, na parte que trata de seu regime disciplinar, não confere estabilidade aos seus empregados.

COMENTÁRIO. Entende o TST que a norma regulamentar que rege os contratos de trabalho dos empregados do Banco do Estado de Pernambuco — BADEPE — não confere estabilidade no emprego. Diante do entendimento do TST, o BADEPE é livre para dispensar seus empregados, mas esse entendimento não é pacífico. Para uma corrente doutrinária, todos os atos praticados pelos entes públicos devem ser motivados sob pena de nulidade. Uma outra corrente defende que em questões relativas a demissibilidade de pessoal a CF/1988 não impôs nenhuma condição para validade do ato, como fez ao regular os casos de admissão aos serviços públicos e, portanto, o administrador público não precisa motivar os atos que implicam demissão de seu pessoal.

346. DIGITADOR. INTERVALOS INTRAJORNADA. APLICAÇÃO ANALÓGICA DO ART. 72 DA CLT. Os digitadores, por aplicação analógica do art. 72 da CLT, equiparam-se aos trabalhadores nos serviços de mecanografia (datilografia, escrituração ou cálculo), razão pela qual têm direito a intervalos de descanso de dez minutos a cada noventa de trabalho consecutivo.

COMENTÁRIO. Por aplicação analógica do art. 72 da CLT, o digitador tem direito a um intervalo de dez minutos a cada noventa minutos de trabalho, não deduzidos da duração normal do trabalho, e que corresponde a cinqüenta minutos de repouso numa jornada de oito horas. O período de descanso não concedido pelo empregador deve ser remunerado com um acréscimo de, no mínimo, 50% sobre o valor da remuneração da hora normal de trabalho. O digitador desempenha atividade que exige grande esforço físico. Suas condições de trabalho são desgastantes, penosas, obrigando-o a permanecer em determinada posição durante longo período de tempo, o que pode acarretar a inflamação nos tendões das mãos, doença conhecida cientificamente como tenossinovite, classificada como causadora de moléstia profissional pela Portaria n. 4.062/1987 do Ministério da Previdência e Assistência Social.

347. HORAS EXTRAS HABITUAIS. APURAÇÃO. MÉDIA FÍSICA. O cálculo do valor das horas extras habituais, para efeito de reflexos em verbas trabalhistas, observará o número de horas efetivamente prestadas a ele aplicando-se o valor do salário-hora da época do pagamento daquelas verbas.

COMENTÁRIO. Para apurar o valor das horas extras habituais que serve de base de cálculo das demais verbas trabalhistas (CLT, arts. 59 e 64), primeiro, aplica-se o adicional de hora extra, que nos termos da Constituição é de, no mínimo, 50% sobre o valor da remuneração da hora normal (salário acrescido de adicionais, gratificações etc.). Após, somam-se as horas extras, nestas já incluídas as repercussões sobre os RSR's pelo número físico, e não pelos valores de todo o ano, ou a contar da admissão, conforme o caso. Divide-se o número obtido pelo número de meses trabalhados no ano, encontrando-se, assim, a média mensal. Esse procedimento resulta na média física mensal, que deve ser multiplicada pelo valor da hora do mês do pagamento, apurando-se, assim, as projeções.

348. AVISO PRÉVIO. CONCESSÃO NA FLUÊNCIA DA GARANTIA DE EMPREGO. INVALIDADE. É inválida a concessão de aviso prévio na fluência da garantia de emprego ante a incompatibilidade dos dois institutos.

COMENTÁRIO. O aviso prévio e a garantia de emprego são institutos de natureza jurídica distinta. O aviso prévio tem por finalidade possibilitar que o empregado procure nova colocação no mercado de trabalho, enquanto a garantia de emprego visa a assegurar ao trabalhador uma certa proteção no emprego por ele ocupado, impondo o legislador limitações ao poder potestativo de despedir do empregador. O aviso prévio concedido no período de garantia de emprego é nulo e não produz efeitos.

349. ACORDO DE COMPENSAÇÃO DE HORÁRIO EM ATIVIDADE INSALUBRE CELEBRADO POR ACORDO COLETIVO. VALIDADE. A validade de acordo coletivo ou convenção coletiva de compensação de jornada de trabalho em atividade insalubre prescinde da inspeção prévia da autoridade competente em matéria de higiene do trabalho (art. 7º, XIII, da CF/1988; art. 60 da CLT).

O TST entende ser prescindível a inspeção prévia da autoridade competente em matéria de higiene do trabalho para validade do acordo de compensação de horário de trabalho em atividades insalubres. Tal entendimento está em sentido contrário ao que dispõe o art. 60 da CLT, e desonera as empresas de obter o devido e necessário licenciamento da autoridade administrativa competente e capacitada. Quando o legislador constituinte dispensou proteção especial à saúde do trabalhador, implicitamente vedou a prorrogação de horário em atividades insalubres, não revogando, de forma alguma, o art. 60 da CLT, pelo contrário, valorizou-o, dando-lhe força nova. A CF/1988 promove e valoriza o trabalho (arts. 1º, IV; 5º, XIII; 6º, 7º, dentre outros), atribui destaque especial à saúde (arts. 196 e 200) e, muitas vezes, alia os dois preceitos (arts. 7º, XXII; 193 e 200, II), pois complementam-se. Ao destacar os valores humanos e sociais (arts. 1º, III e IV, 6º, 7º, XXII, 193; 200, II), a Constituição não pode ter revogado o art. 60 da CLT, o qual está em perfeita sintonia com princípios constitucionais fundamentais relacionados à saúde, à vida e à segurança do trabalhador. A vida e a saúde do trabalhador são o seu bem maior, é fonte de sobrevivência e de dignidade.

350. PRESCRIÇÃO. TERMO INICIAL. AÇÃO DE CUMPRIMENTO. SENTENÇA NORMATIVA. O prazo de prescrição com relação à ação de cumprimento de decisão normativa flui apenas da data de seu trânsito em julgado.

COMENTÁRIO. A sentença proferida em ação de cumprimento tem eficácia apenas enquanto a decisão normativa existir. Reformada ou extinta a sentença normativa, a ação de cumprimento é imediatamente trancada, não importando a fase em que se encontrar, podendo inclusive, já ter sido alcançada pela coisa julgada ou pela execução definitiva. A extinção do processo coletivo faz desaparecer a sentença normativa em que se baseava a execução, uma vez que perde seu suporte jurídico. A coisa julgada na ação coletiva é chamada de "coisa julgada atípica", pois a sentença proferida pelo TRT fica condicionada ao resultado do julgamento do recurso pelo TST. Assim, o prazo de prescrição não pode começar a fluir enquanto pendente condição resolutiva, que pode imprimir alteração no julgado. Somente após a formação da coisa julgada formal, inerente ao processo coletivo, com o esgotamento das vias recursais ou pelo não uso dos recursos cabíveis, é que a prescrição começa a fluir.

351. PROFESSOR. REPOUSO SEMANAL REMUNERADO. ART. 7º, § 2º, DA LEI N. 605, DE 5.1.1949 E ART. 320 DA CLT. O professor que recebe salário mensal à base de hora-aula tem direito ao acréscimo de 1/6 a título de repouso semanal remunerado, considerando-se para esse fim o mês de quatro semanas e meia.

COMENTÁRIO. O professor é remunerado à base de hora-aula (CLT, art. 320), e tem remunerados os dias trabalhados, mas não, os repousos. O cálculo dos repousos se faz com base na sexta parte da hora aula para cada aula ministrada, pois com a promulgação da Lei n. 605/1949 passou a ter direito à remuneração dos repousos, ao desconto por faltas e à perda dos dias de repouso (domingos e feriados). Assim, caso se aplique apenas o critério da CLT, a remuneração de quatro semanas e meia não cobre o RSR's. Desta forma, os repousos do professor devem ser calculados com base na sexta parte de cada hora-aula ministrada e, após, somados ao salário de quatro semanas e meia (CLT, art. 320, § 1º). O professor é horista com pagamento mensal, e o mês, para fins de cálculo, é considerado como sendo de quatro semanas e meia (CLT, art. 320, § 2º). Como a unidade de remuneração, embora paga por mês, é a hora-aula, outra forma de cálculo é prejudicial, portanto, inválida, pelo descumprimento das disposições legais.

353. EMBARGOS. AGRAVO. CABIMENTO (nova redação). Não cabem embargos para a Seção de Dissídios Individuais de decisão de Turma proferida em agravo, salvo para reexame dos pressupostos extrínsecos do recurso a que se denegou seguimento no Tribunal Superior do Trabalho.

COMENTÁRIO. O TST diz ser incabível embargos para a Seção de Dissídios Individuais contra decisão proferida em agravo, salvo nas hipóteses que expressamente especifica. O entendimento do TST contribui para impedir a procrastinação do processo pela sucessiva, irresponsável e inconseqüente interposição de recursos, que acabam por obstar o andamento normal do processo. Outras medidas, como imposição de multas e condenação pela litigância de má-fé, quando verificado que a parte interpôs recursos procrastinatórios, também contribuem para a celeridade processual, além de resgatar a dignidade da administração da justiça.

354. GORJETAS. NATUREZA JURÍDICA. REPERCUSSÕES — REVISÃO DO ENUNCIADO N. 290. RES. N. 23/1988, DJ 24.3.1988. As gorjetas, cobradas pelo empregador na nota de serviço ou oferecida espontaneamente pelos clientes, integram a remuneração do empregado, não servindo de base de cálculo para as parcelas de aviso prévio, adicional noturno, horas extras e repouso semanal remunerado.

COMENTÁRIO. As gorjetas têm natureza salarial e integram a remuneração do empregado para todos os fins legais, ou têm natureza indenizatória e não integram? Para o TST, as gorjetas têm natureza jurídica mista: indenizatória para certos fins, e salarial, para outros. Trata-se de verdadeira inovação na ordem jurídica e na natureza das coisas, e significa assegurar um direito pela metade. As gorjetas têm natureza jurídica de salário e integram a remuneração para todos os fins, conforme previsão legal expressa (CLT, art. 457, § 1º). A CLT utilizou-se da expressão "remuneração" para incluir no ganho do empregado as gorjetas habitualmente recebidas e, embora não sejam pagas diretamente pelo empregador, integram o salário para todos os fins legais. A média das gorjetas repercute nas parcelas contratuais, inclusive, nos RSR's, e deve constar na CTPS do empregado a estimativa razoável das gorjetas (CLT, art. 29, § 1º). O art. 15 da Lei n. 8.036/1990 faz referência a todas as parcelas especificadas nos arts. 457 e 458 da CLT, incluindo no cálculo do FGTS as gorjetas. Repercutem também no cálculo da gratificação natalina, uma vez que as Leis n. 4.090/62 e n. 4.749/65 diferenciam a remuneração do mês de dezembro do salário dos meses anteriores. A remuneração das férias também deve observar o salário fixo, as verbas salariais, e a média das gorjetas do período aquisitivo.

355. CONAB. ESTABILIDADE. AVISO DIREH N. 2, DE 12.12.1984. O aviso DIREH N. 2, de 12.12.1984, que concedia estabilidade aos empregados da CONAB, não tem eficácia porque não foi aprovado pelo Ministério ao qual a empresa se subordina.

COMENTÁRIO. O TST, ao interpretar o Aviso DIREH n. 2, de 12.12.1984, entendeu que as disposições nele contidas não asseguram estabilidade no emprego porque não foram aprovadas pelo órgão competente. Os mesmos argumentos expostos nos comentários aos Enunciados ns. 97 e 332 são pertinentes a esse Enunciado.

356. ALÇADA RECURSAL. VINCULAÇÃO AO SALÁRIO MÍNIMO. O art. 2º, § 4º, da Lei n. 5.584, de 26.6.1970, foi recepcionado pela CF/1988, sendo lícita a fixação do valor da alçada com base no salário mínimo.

COMENTÁRIO. O TST, mesmo após a promulgação da Constituição de 1988, mantém o entendimento de que o salário mínimo pode servir de parâmetro para o cálculo do valor das custas e também do adicional de insalubridade — Enunciado n. 228. O STF tem posicionamento diverso. Segundo o STF, a vinculação ao salário mínimo contraria o disposto no art. 7º da Constituição Federal, que impede a aplicação do salário mínimo como parâmetro indexador de reajustes de obrigações.

357. TESTEMUNHA. AÇÃO CONTRA A MESMA RECLAMADA. SUSPEIÇÃO. Não torna suspeita a testemunha o simples fato de estar litigando ou de ter litigado contra o mesmo empregador.

COMENTÁRIO. O fato da testemunha estar litigando em face de seu empregador não faz presumir sua suspeição por interesse na causa. A suspeição diz respeito à pessoa dos litigantes. Argüições de suspeição infundadas sem respaldo em lei tumultuam o andamento normal do processo e prejudicam pelo menos uma das partes na medida em que suspendem o andamento normal do processo. Se demonstrado abuso de direito, é cabível a aplicação de penalidades pela litigância de má-fé.

358. RADIOLOGISTA. SALÁRIO PROFISSIONAL. LEI N. 7.394, DE 29.10.1985. O salário profissional dos técnicos em radiologia é igual a dois salários mínimos e não a quatro.

COMENTÁRIO. O art. 16 da Lei n. 7.394/1985 propiciou, durante muito tempo, pelo menos duas interpretações. A primeira no sentido de atribuir aos profissionais de radiologia de grau médio salário equivalente a quatro salários mínimos, superior, inclusive, ao dos profissionais de saúde de nível superior. A segunda, entendendo que o salário desses profissionais corresponde a dois salários mínimos. Prevaleceu a segunda interpretação, lógico-sistemática, adotada pelo TST. Pacífico, portanto, que o salário profissional dos Técnicos em Radiologia corresponde a dois salários mínimos.

360. TURNOS ININTERRUPTOS DE REVEZAMENTO. INTERVALOS INTRAJORNADA E SEMANAL. A interrupção do trabalho destinada a repouso e alimentação, dentro de cada turno, ou o intervalo para repouso semanal, não descaracteriza o turno de revezamento com jornada de seis horas previsto no art. 7º, XIV, da CF/1988.

COMENTÁRIO. Os empregados que trabalham em turnos ininterruptos de revezamento, sujeitos a periódica alteração de horário, têm jornada de trabalho de seis horas (CF/1988, art. 7º, XIV). O trabalho em turnos, além de causar acentuado desgaste físico e psíquico ao trabalhador, prejudica o convívio familiar, inviabiliza o exercício de atividades culturais regulares, gera transtornos nos relacionamentos sociais, etc. Por tais razões, a lei assegura ao empregado que trabalha em turnos jornada de trabalho de seis horas, independentemente do empregador conceder ou não intervalos intrajornada. A concessão de intervalos para alimentação e a interrupção do trabalho semanalmente não afastam a aplicação do art. 7º, inciso XIV da Constituição Federal. O que caracteriza o regime de turnos de revezamento é a alteração do horário de trabalho a cada dia, semana, quinzena ou mês. Essa variação periódica impede a adaptação do organismo a horários fixos, tanto de trabalho, quanto de repouso, afetando profundamente a saúde do trabalhador, impossibilitando a formação do "relógio biológico". O trabalho assim realizado é excessivamente penoso e desgastante, o que justifica a proteção especial da lei.

361. ADICIONAL DE PERICULOSIDADE. ELETRICITÁRIOS. EXPOSIÇÃO INTERMITENTE. O trabalho exercido em condições perigosas, embora de forma intermitente, dá direito ao empregado a receber o adicional de periculosidade de forma integral porque a Lei n. 7.369, de 20.8.1985, não estabeleceu nenhuma proporcionalidade em relação ao seu pagamento.

COMENTÁRIO. O empregado que presta serviços em condições perigosas tem direito ao adicional de periculosidade, independentemente da intermitência da exposição. Condições perigosas são aquelas que, por sua natureza ou métodos de trabalho, deixam o empregado exposto a situações de risco. O trabalho em tais condições assegura o direito ao adicional de periculosidade, independentemente do risco ser eventual, pois o trabalho perigoso jamais deixa de sê-lo. A Lei n. 7.369/85, ao prever o direito ao adicional de remuneração não faz nenhuma restrição ou exceção, referindo-se, apenas, ao trabalho em "setor de energia elétrica". O Decreto n. 93.142/86 determina o pagamento do adicional sempre que a atividade exercida pelo empregado esteja ligada àquelas constantes de seu quadro, independente do cargo exercido, categoria ou ramo da empresa. As disposições legais não exigem, portanto, que o empregado opere direto e de forma contínua com o agente perigoso para que tenha direito ao adicional de periculosidade. O trabalho exercido em condições perigosas, embora de forma intermitente, assegura ao trabalhador o direito ao adicional de periculosidade de forma integral, haja vista que a Lei n. 7.369, de 20.8.1985, não estabeleceu nenhuma proporcionalidade em relação ao seu pagamento. Em se tratando de trabalho em condições perigosas oriundas de sistema elétrico, o risco é fortuito, incerto e imprevisível, não pode ser controlado e a qualquer momento pode vir a materializar o acidente.

362. FGTS. PRESCRIÇÃO (nova redação). É trintenária a prescrição do direito de reclamar contra o não recolhimento da contribuição para o FGTS, observado o prazo de dois anos após o término do contrato de trabalho.

COMENTÁRIO. A Constituição Federal de 1988 generalizou o regime do FGTS, tornando obrigatórios os depósitos em conta vinculada do empregado a partir de sua vigência, resguardando, contudo, o direito adquirido dos empregados que já haviam alcançado a estabilidade decenal no emprego.

A Lei n. 8.036/90, em seu art. 23, § 5º, expressamente declara a prescrição trintenária para cobrança dos depósitos de FGTS não efetuados em épocas próprias. O objetivo da Lei n. 8.036/90 foi o de resguardar o direito do empregado em pleitear judicialmente os depósitos não realizados por trinta anos. Dessa forma, é inaplicável às ações de cobrança de FGTS a disposição constitucional relativa à prescrição dos créditos trabalhistas. Neste sentido já se posicionou o E. TRT da 24ª Região: "FGTS — PRESCRIÇÃO — PRAZO. As contribuições destinadas ao FGTS têm caráter estritamente social, sem natureza tributária. Da mesma forma, escapa da simples feição de crédito trabalhista, uma vez que objetiva a implementação de programas sociais. Desse modo, não se aplica a espécie o prazo prescricional dos créditos tributários e tampouco aquele previsto na Lei Magna para os créditos trabalhistas *strictu sensu*; e sim, o lapso de trinta anos estabelecido no art. 23, § 5º da Lei n. 8.036/90 e art. 55 do Decreto-lei n. 99.684/90". Ac. n. 001804/96 (unânime). RO n. 0000266/96. Rel. Juiz João de Deus Gomes de Souza, *in* DJ n. 004359, de 3.3.1996, p. 32).

Na doutrina, duas correntes se formam. Uma corrente doutrinária defende que o prazo de dois anos para o ajuizamento da ação previsto na Constituição é inaplicável em se tratando de demandas que o empregado pleiteia os recolhimentos de FGTS, pois "não se aplica ao FGTS o prazo de dois anos previsto no art. 7º da Constituição Federal, contado da extinção do contrato, dada a natureza especial de que se reveste o Fundo, consoante alhures se discorreu. Dito prazo diz respeito a verbas salariais típicas decorrentes do contrato, não alcançando o FGTS, fundo com destinação específica e que tem como fim a utilização, pelo trabalhador, em momento de necessidade. Ademais, inexistiria razão para a lei permitir prazo elástico para cobrança dos depósitos (trinta anos) e ao mesmo tempo restringir dita postulação a dois anos após a extinção do liame jurídico laboral. Por outro lado, configuraria discriminação contra o trabalhador limitar sua postulação a dois anos contados da extinção do contrato, enquanto os demais legitimados ativos não sofrem tal restrição".[20] Uma outra corrente entende que o direito de ação para cobrança do FGTS deve ser exercido no prazo de dois anos após o término do contrato de trabalho, criando uma exceção não contida na Lei n. 8.036/90.

A natureza eminentemente social do FGTS afasta a aplicação dos prazos de prescrição dos créditos trabalhistas, sujeitando-se o FGTS exclusivamente a prescrição trintenária. O TST adotou parcialmente este entendimento ao imprimir nova redação ao Enunciado n. 362, esclarecendo que "é trintenária a prescrição do direito de reclamar contra o não recolhimento da contribuição para o FGTS". Ressalvou, contudo, que o direito de ação deve ser exercido no prazo de dois anos contados da data da extinção do contrato de trabalho. O Tribunal Regional da 4ª Região posicionou-se sobre a matéria, entendendo que "as ações para cobrança da correção monetária das contas vinculadas ao FGTS sujeitam-se ao prazo prescricional de trinta anos". A Súmula n. 210 do STJ prevê que "A ação de cobrança das contribuições para o FGTS prescreve em 30 (trinta) anos".

---

(20) LORA, I. M. B. *A prescrição no direito do trabalho*. São Paulo: LTr, 2001, p. 107.

Não obstante o entendimento manifestado pelo TST, a melhor interpretação da Lei n. 8.036/90 é no sentido de que o exercício do direito de ação para cobrança dos depósitos de FGTS não realizados em épocas próprias pode ser exercido pelo empregado no prazo de trinta anos. O FGTS é uma verba de natureza social, não tendo natureza tipicamente trabalhista. Assim, não se condiciona, aos prazos de prescrição fixados pela CF/1988. O empregado tem o prazo de trinta anos para pleitear judicialmente o cumprimento da lei que obriga o empregador a efetuar os depósitos de seu FGTS, não estando constrangido ao prazo de prescrição bienal, sob pena de receber tratamento diferenciado em sentido contrário ao que estabelece o princípio da igualdade de todos perante a lei (CF/1988, art. 5º).

363. CONTRATO NULO. EFEITOS. NOVA REDAÇÃO. A contratação de servidor público, após a CF/1988, sem prévia aprovação em concurso público, encontra óbice no respectivo art. 37, II, e parágrafo 2º, somente lhe conferindo direito ao pagamento da contraprestação pactuada, em relação ao número de horas trabalhadas, respeitado o valor da hora do salário mínimo e dos valores referentes aos depósitos do FGTS.

COMENTÁRIO. A contratação de pessoal, pela pessoa de direito público, sem obediência à forma legal implica ofensa às disposições constitucionais. Após a promulgação da CF/1988 a contratação de servidores pela União, Estados ou Municípios, administração direta, autárquica e fundacional somente pode ser feita quando precedida de concurso público, diante do que dispõe o art. 37, inciso II, § 2º. Contudo, à revelia do mandamento constitucional, o administrador público tem contratado pessoal, sem concurso público, em caráter permanente, para suprir necessidade relacionada à sua atividade-fim. O ato ilegal e irregular da administração pública não pode, de forma alguma, ser declarado nulo, em prejuízo exclusivo do trabalhador. Primeiro, porque a teoria das nulidades aplicável ao Direito Civil não se estende à relação de emprego, haja vista que a energia gasta pelo trabalhador não pode ser devolvida. Segundo, porque declarar a nulidade do ato administrativo e impedir a aplicação de regras legais que protegem o trabalho assalariado significa favorecer a parte mais forte da relação e prejudicar exatamente o mais fraco, que é o trabalhador, ignorando-se por completo o princípio da proteção que manda aplicar a norma mais favorável ao empregado. Terceiro, porque permite o enriquecimento sem causa do tomador dos serviços — ente de direito público —, que além de não observar os princípios da legalidade e moralidade administrativa, é recompensado porque desonerado do pagamento de quaisquer direitos trabalhistas.

Quando a administração pública contrata o indivíduo para prestar serviços em caráter permanente, relacionados à sua atividade-fim, sem concurso público, colidem dois princípios fundamentais da ordem jurídica: o princípio da moralidade administrativa e o da dignidade da pessoa humana. Segundo a magistrada e doutrinadora *Dinaura Godinho Pimentel Gomes*, "Diante da colisão de princípios (...) os direitos fundamentais do trabalhador, como *Ser Humano* que é, deveriam ser preservados em face do significado da dignidade humana como princípio constitucional de maior hierarquia axiológica. Vale dizer, fazendo-se a ponderação de valores, o princípio a prevalecer é o princípio fundamental da dignidade humana, em total sintonia com a idéia de justiça que se traduz na função de proteger os direitos fundamentais de proteção à vida com dignidade, nos quais se insere o *trabalho humano* efetivamente prestado em face da Administração Pública".[21]

O texto constitucional dispensa proteção especial aos direitos sociais, valoriza o trabalho e ressalta a dignidade humana (arts. 1º, III e IV, 5º, XIII, 6º, 7º, XXII, 193, 200, II). As garantias fundamentais dirigidas ao indivíduo estão acima da regra que exige concurso público, representam verdadeiras cláusulas pétreas, são mais abrangentes, pois se dirigem a toda pessoa e não somente ao administrador público. O trabalhador que de boa-fé presta serviços à administração pública, sem concurso público, goza das mesmas garantias asseguradas ao trabalhador da iniciativa privada. O emprego digno e a recompensa pelo seu exercício guardam estrita relação com a dignidade humana, são complementos necessários do direito à vida e não podem, de forma alguma, ser ignorados pelo Judiciário.

---

(21) GOMES, D. G. P. "O respeito à dignidade do trabalhador pelo estado-empregador: a inafastável observância da garantia do conteúdo essencial dos direitos fundamentais e do princípio da proporcionalidade". *In Revista LTr*, n. 68. São Paulo, LTr, março de 2004.

4. CONSIDERAÇÕES FINAIS

As reformas do Judiciário em discussão em inúmeros países, algumas já realizadas, objetivam, principalmente: a) a introdução de súmulas com efeitos vinculantes; b) medidas avocatórias; c) controle externo do Judiciário; d) criação e fortalecimento dos juizados arbitrais para atuar em quaisquer seguimentos; e) prevalência do negociado sobre o legislado; f) criação da "mordaça". Essas pretensões, meramente materialistas, acobertam interesses econômicos e políticos, são dotadas de pressupostos ideológicos explícitos, e representam sérios riscos aos direitos humanos, à dignidade humana, à liberdade e à democracia. As súmulas com efeitos vinculantes subtraem a autonomia do juiz e conspiram contra a necessária liberdade de pensamento, ação e decisão. A mordaça proíbe os juízes e os membros do Ministério Público de falarem sobre os processos judiciais e questões a eles relacionadas, impedindo que a sociedade seja informada sobre fatos relevantes, de interesse público e social. A prevalência do negociado sobre o legislado, principalmente no Direito do Trabalho, poderá permitir lesões de toda ordem, inclusive aos direitos indisponíveis e inalienáveis do homem. O trabalhador, ainda que assistido pelo seu sindicato, não está em igualdade de condição para negociar, pois está fragilizado pela miséria, oprimido pelo desemprego, desesperançado, sem ideais, sem planos, sem objetivos. Aceita o que for sugerido ou imposto, pois não tem outra alternativa e não pode recusar. Os sindicatos perderam parcelas de poder e hoje estão desacreditados, acuados pelas forças do capital, pelos efeitos da globalização e do neoliberalismo, enfraquecidos ao extremo. As medidas avocatórias podem implicar sérios comprometimentos à democracia, à liberdade e à igualdade, porque irão centralizar a concentração de poder nas cúpulas do Judiciário. A verticalização facilita o domínio, na medida em que o número de pessoas a dominar é muito menor. A concentração do poder decisório nas mãos de um número reduzidíssimo de juízes, com neutralização de todos os demais integrantes do Judiciário, pode significar o retorno a uma justiça de arbítrio, como no período da história que antecedeu a Revolução Francesa, quando Hitler impôs o terror e a tirania, governando sob uma aparente legalidade.

A ruptura de padrões e modelos sociais, políticos, econômicos, morais, religiosos, culturais, etc. repercute no direito, especialmente no Direito do Trabalho. O emprego vitalício, no Brasil e em quase todos os países do mundo, não existe mais; a carteira assinada não passa de um sonho, privilégio de poucos; o emprego ou o trabalho, mesmo informal, é um prêmio. O Estado está empobrecido e não consegue atender às demandas sociais; a estagnação da economia leva à eliminação e à redução dos postos de trabalho, empurrando milhões de trabalhadores para o terceiro setor, para a informalidade. Novos conceitos são criados, e um deles é a redefinição da eficiência. Modos alternativos de produzir o mesmo serviço asseguram uma renda monetária mais lucrativa ao detentor do capital, porém, em contrapartida, acentuam a miséria e o desemprego, elevando os índices de criminalidade. O aumento de lucro empresarial não é repartido com o trabalhador. É tempo de reflexão sobre as mutações, o que elas estão causando no presente, e o que reservam para o futuro. A sociedade fica aguardando os acontecimentos, uns esperando que os outros façam alguma coisa, sem se dar conta de que é preciso retomar os estudos, as pesquisas, resgatar as doutrinas tradicionais, planejar, agir, antecipar tendências, etc., para que a humanidade possa trilhar um caminho que não conduza ao caos absoluto. Aceitar as responsabilidades, combinar tarefas, ser mais criativo, desenvolver talentos e habilidades, adaptar-se ao meio, aprender a aprender são caminhos que devem ser percorridos.

O juiz é um importante elemento no cenário social e político do país. O poder político a ele conferido pela ordem jurídica possibilita atuação dinâmica ao mesmo tempo que exige certos comportamentos que impliquem transformações sociais. Por meio do instrumento que o Estado coloca à disposição das partes — o processo —, o juiz pode conter políticas de arbítrio, preconceitos, exploração econômica, afastar os fatores contrários aos direitos humanos gerados pela globalização e pela concentração de poder nos meios de comunicação. É nos tribunais que o direito adquire vida e sentido, se realiza, se dinamiza e se mantém apto e capaz de suprir todo tipo de carência social. É também nos tribunais que ele pode se tornar tirânico, e, sob o manto de aparente legalidade, permitir o domínio do poder econômico, o avanço do crime organizado e das drogas, a manipulação dos meios de comunicação, as violações aos direitos humanos, o crescimento da violência e da miséria. O juiz conduz o direito por meio de suas interpretações e decisões, podendo imprimir transformações no ambiente social desigual. Se o juiz mantém-se inerte e alheio às mudanças, se pacificamente aceita as interferências políticas dos demais poderes do Estado, se permite o avanço e a dominação das forças econômicas, se ignora as falsas ideologias, etc., aos poucos irá perder parcelas de poder e, fatalmente, irá sucumbir, levando consigo a democracia e os valores mais preciosos do ser humano: sua saúde, sua vida, sua liberdade, sua família, sua dignidade, enfim, sua identidade, sua Pátria.

Os Tribunais devem buscar formas superiores de pacificação social, mais humanas, mais justas e solidárias, mas para isso têm de manejar o direito e o processo como instrumentos de transformação social, numa época em que o ser humano encontra-se destituído de direitos e de garantias. A eliminação das desigualdades requer interpretações criativas, para manter vivo e dinâmico não só o direito positivo, como também todos os demais elementos do sistema jurídico. A liberdade de interpretação, escolha e argumentação conferida pelo Estado ao juiz, e exercida dentro de certos contornos, têm por objetivo dotá-lo de instrumentos que possibilitem encontrar o caminho que leva à justiça, e a melhor solução é e será sempre a solução mais justa. Mais importante do que exigir decisões racionais, unívocas, corretas, mais exatamente uma única correta em cada caso, é orientar a busca pela decisão mais justa. Independentemente de existir ou não uma única resposta correta para cada caso que o juiz for chamado a decidir, ele deve elevar a pretensão de que a sua decisão é a única correta porque é a mais justa. O filósofo, o intérprete, o operador do Direito, enfim, a sociedade, todos e cada um, devem procurar o sentido do Direito, discutir as causas dos problemas sociais, buscar alternativas de solução para os conflitos, novas formas de prevenção, novos recursos interpretativos, novos meios de tutela, a redefinição dos princípios gerais do direito e a criação de outros, para se chegar a um mundo melhor e a uma vida mais digna e feliz. A concepção e compreensão do sistema jurídico, não como algo estático, e sim como sistema vivo e em transformação, que se auto-reproduz, pode ser o início de um percurso que levará à realização dos direitos humanos e dos valores mais importantes do homem social.

Os tribunais superiores são órgãos integrados por juízes do mais alto nível em termos de saber jurídico, são conhecedores dos problemas sociais, são experientes por terem percorrido todas as instâncias não só da carreira, como também da vida, e estão tecnicamente capacitados. Os juízes, principalmente dos tribunais, são os responsáveis pela renovação, inovação, renascimento e amadurecimento do direito. Porém, terão êxito nessa tarefa se estiverem dotados de uma visão multidisciplinar e não-linear do direito, concebendo-o como unidade dinâmica. O direito se incorpora aos fatos sociais e deles recebe influência e valoração, e a um só tempo se transforma, gerando novas unidades e se aprimorando em relação à geração anterior. O direito, concebido de modo não-linear, é capaz de dar respostas às complexas e novas relações sociais, impedindo que inúmeras condutas humanas questionáveis sob o ponto de vista moral, ético, humano, social, político, etc. fiquem sem punição e continuem sendo praticadas. A visão não-linear do direito propicia julgamentos mais justos e permite que o direito se realize em sua plenitude.

5. BIBLIOGRAFIA CONSULTADA

BRASIL. Constituição (1988). *Constituição da República Federativa do Brasil.* Brasília, DF, 1988.

BONAVIDES, P. *Curso de direito constitucional.* 12ª ed. São Paulo: Malheiros, 2002.

CALAMANDREI, P. *Eles, os juízes.* São Paulo: Martins Fontes, 1997.

CÂNDIA, R. *Comentários aos contratos trabalhistas especiais.* 3ª ed. São Paulo: LTr, 1995.

CANOTILHO, J. J. G. *Direito constitucional e teoria da constituição.* 4ª ed. Coimbra: Almedina, 2000.

CARRION, V. *Comentários à CLT.* 18ª ed. São Paulo: RT, 1998.

_____. *Nova jurisprudência em direito do trabalho.* 1º semestre/99. São Paulo: Saraiva, 1999.

DELGADO, M. G. *Curso de Direito do Trabalho.* 3ª ed. São Paulo: LTr, 2002.

FERRARA, F. *Como aplicar e interpretar as leis.* Belo Horizonte: Líder, 2002.

_____. *Interpretação e aplicação das leis.* 3ª ed. Coimbra: Arménio Amado Ed., 1978.

FERRARY, I; MARTINS, M. R. *Julgados trabalhistas selecionados.* Vols. I, II, e III. São Paulo: LTr, 1993.

GOMES, D. G. P. "O processo de afirmação dos direitos fundamentais". *In Revista de Direito Constitucional e Internacional.* Ano 11, outubro-dezembro de 2003, n. 45. São Paulo: RT, 2003.

_____. "O respeito à dignidade do trabalhador pelo estado-empregador: a inafastável observância da garantia do conteúdo essencial dos direitos fundamentais e do princípio da proporcionalidade". *In Revista LTr*, n. 68. São Paulo: LTr, março de 2004.

GOMES, S. A. *Hermenêutica jurídica e constituição no Estado de direito democrático.* Rio de Janeiro: Forense, 2001.

GUIMARÃES, S. P. "Concentração de poder e direitos humanos". *In Revista Cidadania e Justiça*, ano 3, n. 6, 1999.

KELSEN, H. *Teoria Pura do Direito.* 4ª ed. Coimbra: Arménio Amado Ed., 1979.

LASSALLE, F. *A essência da Constituição.* 6ª ed. Rio de Janeiro: Lumen Juris, 2001.

LEAL, A. L. C. *Da prescrição e da decadência: teoria geral de direito civil.* Rio de Janeiro: Forense, 1959.

LEITE, C. H. B. *Curso de direito processual do trabalho.* São Paulo: LTr, 2003.

LLOYD, D. *A idéia de lei.* São Paulo: Martins Fontes, 2000.

LORA, I. M. B. *A prescrição no direito do trabalho.* São Paulo: LTr, 2001.

MARTINS-COSTA, J. "O novo código civil brasileiro em busca da ética da situação". *In Revista da Faculdade de Direito do Rio Grande do Sul,* vol. 20, 2001.

MARTINS, I. G. S. *O princípio da transcendência em processo trabalhista:* www.jus.com.br, doutrina — acesso em 22.11.2003.

MATURANA, H. R; VARELA, F. J. *A árvore do conhecimento: as bases biológicas da compreensão humana.* 2ª ed. São Paulo: Palas Athena, 2002.

MONTESQUIEU, C. S. *O espírito das leis.* 2ª ed. São Paulo: Martins Fontes, 2000.

MORAES, A. *Direito Constitucional.* 13ª ed. São Paulo: Atlas, 2003.

MOREIRA DE PAULA, J. L. *A jurisdição como elemento de inclusão social.* São Paulo: Manole, 2002.

NERY JÚNIOR, N.; NERY, R. M. A. *Código Civil Anotado e legislação extravagante.* 2ª ed., São Paulo: RT, 2003.

PEDROSO, N. A . F. "As fundações e outras entidades do terceiro setor no Código Civil — Obrigações e encargos sociais decorrentes da prestação de trabalho e de outras relações jurídicas". *In Revista LTr,* n. 68. São Paulo: LTr, março de 2004.

PINTO, J. A. R. "O direito do trabalho no limiar do Século XXI". *In Revista LTr,* v. 60, n. 8, São Paulo: LTr.

PINTO, S. M. *Direito processual do trabalho.* 19ª ed. São Paulo: Atlas, 2003.

PLÁ RODRIGUEZ, A. *Princípios de direito do trabalho.* São Paulo: LTr, 1993.

SAAD, E. G. *CLT comentada.* 29ª ed. São Paulo: LTr, 1996.

SANTOS, J. A. *Cálculos de liquidação trabalhista.* Curitiba: Juruá, 2003.

SILVA, J. A. *Curso de direito constitucional positivo.* 21ª ed. São Paulo: Malheiros, 2002.

SILVEIRA, P. F. *Freios & contrapesos: checks and balances.* Belo Horizonte: Del Rey, 1999.

SUSSEKIND, A.; MARANHÃO, D.; VIANNA, S.; TEIXEIRA, L. *Instituições de direito do trabalho*. 16ª ed. São Paulo: LTr, 1996.

TEIXEIRA FILHO, M. A. *O procedimento sumaríssimo no processo do trabalho*. 2ª ed., São Paulo: LTr, 2000.

TEIXEIRA, S. F. "A formação do juiz contemporâneo". *In Revista Cidadania e Justiça*, ano 2, n. 4, 1998.

TOFLLER, A. *A terceira onda*. Rio de Janeiro/São Paulo: Record, 2003.

VIANA, M. T. "A proteção social do trabalhador no mundo globalizado: o direito do trabalho no limiar do Século XXI". *In Revista LTr*, v. 63, n. 7, São Paulo: LTr.

6. ÍNDICE ALFABÉTICO REMISSIVO DOS ENUNCIADOS DO TST VIGENTES EM 28.10.2003

ABANDONO DE EMPREGO

32. ABANDONO DE EMPREGO. PRAZO PARA O EMPREGADO RETORNAR AO TRABALHO APÓS A CESSAÇÃO DO BENEFÍCIO PREVIDENCIÁRIO. 62. ABANDONO DE EMPREGO. INQUÉRITO. PRAZO DE DECADÊNCIA.

ACIDENTE DE TRABALHO

46. ACIDENTE DE TRABALHO. FALTAS.

AÇÃO RESCISÓRIA

83. AÇÃO RESCISÓRIA. INCABÍVEL SE A DECISÃO ESTIVER BASEADA EM TEXTO LEGAL DE INTERPRETAÇÃO CONTROVERTIDA. 99. AÇÃO RESCISÓRIA. DESERÇÃO. PRAZO.100. AÇÃO RESCISÓRIA. DECADÊNCIA. 158. AÇÃO RESCISÓRIA. RECURSO CABÍVEL DA DECISÃO. 192. AÇÃO RESCISÓRIA. COMPETÊNCIA. ADMISSIBILIDADE. 194. AÇÃO RESCISÓRIA. JUSTIÇA DO TRABALHO. DEPÓSITO PRÉVIO. 259. TERMO DE CONCILIAÇÃO. RESCINDIBILIDADE. AÇÃO RESCISÓRIA. 298. AÇÃO RESCISÓRIA. VIOLÊNCIA DE LEI. PREQUESTIONAMENTO. 299. AÇÃO RESCISÓRIA. PROVA DO TRÂNSITO EM JULGADO DA SENTENÇA OU DO ACÓRDÃO RESCINDENDO.

AÇÃO DE CUMPRIMENTO

246. AÇÃO DE CUMPRIMENTO. TRÂNSITO EM JULGADO DA SENTENÇA NORMATIVA.

ACORDO DE COMPENSAÇÃO DE HORÁRIO DE TRABALHO

85. ACORDO DE COMPENSAÇÃO DE HORÁRIO. FORMA. EFEITOS. 349. ACORDO DE COMPENSAÇÃO DE HORÁRIO EM ATIVIDADE INSALUBRE. VALIDADE.

ADICIONAL DE INSALUBRIDADE

17. ADICIONAL DE INSALUBRIDADE. SALÁRIO PROFISSIONAL. BASE DE CÁLCULO. 47. INSALUBRIDADE. INTERMITÊNCIA. ADICIONAL DEVIDO. 80. INSALUBRIDADE. EPI. ELIMINAÇÃO. 139. ADICIONAL DE INSALUBRIDADE. INTEGRAÇÃO NA REMUNERAÇÃO PARA CÁLCULO DE INDENIZAÇÃO. 228. ADICIONAL DE INSALUBRIDADE. BASE DE CÁLCULO. SALÁRIO MÍNI-

MO. 248. ADICIONAL DE INSALUBRIDADE. RECLASSIFICAÇÃO OU DESCARACTERIZAÇÃO. AUSÊNCIA DE OFENSA AO DIREITO ADQUIRIDO. 289. INSALUBRIDADE. ADICIONAL. FORNECIMENTO DO APARELHO DE PROTEÇÃO. EFEITO. 293. ADICIONAL DE INSALUBRIDADE. CAUSA DE PEDIR. AGENTE NOCIVO DIVERSO DO APONTADO NA INICIAL.

ADICIONAL NOTURNO

60. ADICIONAL NOTURNO. NATUREZA SALARIAL. 265. ADICIONAL NOTURNO. ALTERAÇÃO DE TURNO DE TRABALHO. POSSIBILIDADE DE SUPRESSÃO.

ADICIONAL DE PERICULOSIDADE

132. ADICIONAL DE PERICULOSIDADE. INTEGRA O CÁLCULO DA INDENIZAÇÃO. 191. ADICIONAL DE PERICULOSIDADE. BASE DE CÁLCULO. 361. ADICIONAL DE PERICULOSIDADE. ELETRICITÁRIOS. EXPOSIÇÃO INTERMITENTE. IRRELEVÂNCIA.

ADICIONAL POR TEMPO DE SERVIÇO

52. TEMPO DE SERVIÇO (QÜINQÜÊNIO)

ADICIONAL REGIONAL

84. ADICIONAL REGIONAL. PETROBRAS. CONSTITUCIONALIDADE.

ALÇADA

71. ALÇADA. VALOR DA CAUSA. 356. ALÇADA RECURSAL. VINCULAÇÃO AO SALÁRIO MÍNIMO. VALIDADE.

ALIMENTAÇÃO

241. ALIMENTAÇÃO. SALÁRIO-UTILIDADE. NATUREZA SALARIAL.

APOSENTADORIA

72. APOSENTADORIA. PRÊMIO-APOSENTADORIA. NORMA REGULAMENTAR. FGTS. 92. APOSENTADORIA. INALTERABILIDADE. 97. APOSENTADORIA. COMPLEMENTAÇÃO. NORMA REGULAMENTAR. 106. APOSENTADORIA. FERROVIÁRIO. COMPETÊNCIA DA JUSTIÇA DO TRABALHO. 160. APOSENTADORIA POR INVALIDEZ. CANCELAMENTO. EFEITOS. 288. COMPLEMENTAÇÃO DE PROVENTOS DE APOSENTADORIA. NORMA APLICÁVEL. 295. APOSENTADORIA ESPONTÂNEA. DEPÓSITO DO FGTS. PERÍODO ANTERIOR À OPÇÃO. 313. COMPLEMENTAÇÃO DE APOSENTADORIA. PROPORCIONALIDADE AO TEMPO DE SERVIÇO. BANESPA. 326. COMPLEMENTAÇÃO DOS PROVENTOS DE APOSENTADORIA. PARCELA NUNCA RECEBIDA. PRESCRIÇÃO TOTAL. 327. COMPLEMENTAÇÃO DOS PROVENTOS

DE APOSENTADORIA. DIFERENÇAS. NORMA REGULAMENTAR. PRESCRIÇÃO PARCIAL. 332. COMPLEMENTAÇÃO DE APOSENTADORIA. PETROBRÁS. MANUAL DE PESSOAL. NORMA PROGRAMÁTICA.

ASSISTÊNCIA

82. ASSISTÊNCIA. INTERESSE JURÍDICO. NECESSIDADE.

ATESTADO MÉDICO

15. ATESTADO MÉDICO. ORDEM PREFERENCIAL. 122. ATESTADO MÉDICO. REVELIA.

AUSÊNCIA DO RECLAMANTE À AUDIÊNCIA

9. AUSÊNCIA DO RECLAMANTE À AUDIÊNCIA. EFEITOS.

AUXILIAR DE LABORATÓRIO

301. AUXILIAR DE LABORATÓRIO. AUSÊNCIA DE DIPLOMA. EFEITOS.

AVISO PRÉVIO

44. AVISO PRÉVIO. CESSAÇÃO DAS ATIVIDADES DA EMPRESA. 73. DESPEDIDA. JUSTA CAUSA NO CURSO DO AVISO PRÉVIO. 163. AVISO PRÉVIO. DEVIDO NAS RESCISÕES ANTECIPADAS DE CONTRATO DE EXPERIÊNCIA. 182. AVISO PRÉVIO. CONTAGEM DO TEMPO DE SERVIÇO. INDENIZAÇÃO COMPENSATÓRIA. LEI N. 6.708, DE 30/10/79. 230. AVISO PRÉVIO. SUBSTITUIÇÃO PELO PAGAMENTO DAS HORAS REDUZIDAS DA JORNADA DE TRABALHO. ILEGALIDADE. 276. AVISO PRÉVIO. RENÚNCIA PELO EMPREGADO. IMPOSSIBILIDADE. 305. INCIDÊNCIA DO FGTS SOBRE O AVISO PRÉVIO INDENIZADO. 348. AVISO PRÉVIO. CONCESSÃO NA FLUÊNCIA DA GARANTIA DE EMPREGO. INVALIDADE.

BANCÁRIO

93. BANCÁRIO. COMISSÕES PELA VENDA DE PAPÉIS E VALORES MOBILIÁRIOS. 102. BANCÁRIO. CAIXA. CARGO DE CONFIANÇA. 109. GRATIFICAÇÃO DE FUNÇÃO E HORAS EXTRAS. BANCÁRIO. 113. BANCÁRIO. SÁBADO. DIA ÚTIL. 117. BANCÁRIO. CATEGORIA DIFERENCIADA. 124. BANCÁRIO. HORA DE SALÁRIO. DIVISOR. 166. BANCÁRIO. CARGO DE CONFIANÇA. JORNADA DE TRABALHO. 199. BANCÁRIO. PRÉ-CONTRATAÇÃO DE HORAS EXTRAS. 204. BANCÁRIO. CARGO DE CONFIANÇA. CARACTERIZAÇÃO. 226. BANCÁRIO. GRATIFICAÇÃO POR TEMPO DE SERVIÇO. INTEGRAÇÃO NO CÁLCULO DAS HORAS EXTRAS. 232. BANCÁRIO. CARGO DE CONFIANÇA. JORNADA. HORAS EXTRAS. 239. BANCÁRIO. EMPREGADO DE EMPRESA DE PROCESSAMENTO DE DADOS. 240. BANCÁRIO. GRATI-

FICAÇÃO DE FUNÇÃO E ADICIONAL POR TEMPO DE SERVIÇO. 247. BANCÁRIO. QUEBRA DE CAIXA. NATUREZA SALARIAL. 287. BANCÁRIO. JORNADA DE TRABALHO. GERENTE BANCÁRIO. 343. BANCÁRIO. HORA DE SALÁRIO. DIVISOR 220.

BANDEPE — REGULAMENTO INTERNO

345. BANDEPE. REGULAMENTO INTERNO DE PESSOAL. NÃO CONFERE ESTABILIDADE AOS EMPREGADOS.

BENEFÍCIO PREVIDENCIÁRIO

311. BENEFÍCIO PREVIDENCIÁRIO A DEPENDENTE DE EX-EMPREGADO. CORREÇÃO MONETÁRIA. LEGISLAÇÃO APLICÁVEL.

CARTEIRA DE TRABALHO

12. CARTEIRA PROFISSIONAL. VALOR DAS ANOTAÇÕES.

CARTÕES DE PONTO

338. JORNADA. REGISTRO. INVERSÃO DO ÔNUS DA PROVA.

CIPA

339. CIPA. SUPLENTE. GARANTIA DE EMPREGO.

COMISSIONISTA

27. COMISSIONISTA. RSR E FERIADOS. 340. COMISSIONISTA. ADICIONAL DE HORAS EXTRAS.

COMPENSAÇÃO

18. COMPENSAÇÃO. DÍVIDAS DE NATUREZA TRABALHISTA. 48. COMPENSAÇÃO. MATÉRIA DE DEFESA.

COMPENSAÇÃO DE HORÁRIO DE TRABALHO

85. COMPENSAÇÃO DE HORÁRIO. CONVENÇÃO, ACORDO COLETIVO OU INDIVIDUAL ESCRITO.

CONAB

355. CONAB. ESTABILIADE. AVISO DIREH N. 2, DE 12.12.1984. INEFICÁCIA.

CONFISSÃO

74. CONFISSÃO. NÃO COMPARECIMENTO À AUDIÊNCIA DE PROSSEGUIMENTO.

CONFLITO DE LEIS

207. CONFLITOS DE LEIS TRABALHISTAS NO ESPAÇO. PRINCÍPIO DA *LEX LOCI EXECUTIONIS*.

CONSTITUCIONALIDADE DE LEIS

312. CONSTITUCIONALIDADE. ALÍNEA *B* DO ART. 896 DA CLT. 336. CONSTITUCIONALIDADE. PARÁGRAFO 2º DO ART. 9º DO DECRETO-LEI N. 1.971, DE 30.11.1982.

CONTRATO A PRAZO

125. CONTRATO DE TRABALHO A PRAZO. APLICAÇÃO DO ART. 479 DA CLT.

CONTRATO DE EXPERIÊNCIA

188. CONTRATO DE EXPERIÊNCIA. PRORROGAÇÃO.

CONTRATO DE PRESTAÇÃO DE SERVIÇOS — TERCEIRIZAÇÃO

331. CONTRATO DE PRESTAÇÃO DE SERVIÇOS. EMPRESA INTERPOSTA. LEGALIDADE. EXCEÇÕES.

CONTRATO NULO. ENTE DE DIREITO PÚBLICO

363. CONTRATO NULO. AUSÊNCIA DE CONCURSO PÚBLICO. EFEITOS.

CORREÇÃO MONETÁRIA E JUROS DE MORA

187. CORREÇÃO MONETÁRIA. NÃO INCIDÊNCIA SOBRE O DÉBITO DO TRABALHADOR. 200. JUROS DE MORA. INCIDÊNCIA. 211. JUROS DE MORA E CORREÇÃO MONETÁRIA. INDEPENDÊNCIA DO PEDIDO INICIAL E DO TÍTULO EXECUTIVO JUDICIAL. 307. JUROS. IRRETROATIVIDADE DO DECRETO-LEI N. 2.322, DE 26.2.187. 304. CORREÇÃO MONETÁRIA E JUROS DE MORA. EMPRESAS EM LIQUIDAÇÃO.

CULPA RECÍPROCA

14. CULPA RECÍPROCA. INDENIZAÇÃO.

CUSTAS

25. CUSTAS. RESPONSABILIDADE DA PARTE VENCIDA 36. CUSTAS NAS AÇÕES PLÚRIMAS. 53. CUSTAS. PRAZO DE RECOLHIMENTO. 170. CUSTAS. SOCIEDADE DE ECONOMIA MISTA.

DECISÃO INTERLOCUTÓRIA

214. DECISÃO INTERLOCUTÓRIA. IRRECORRIBILIDADE. EXCEÇÃO.

DECISÃO ADMINISTRATIVA

321. DECISÃO ADMINISTRATIVA. RECURSO CABÍVEL.

DESCONTOS SALARIAIS.

342. DESCONTOS SALARIAIS. ART. 462 DA CLT. POSSIBILIDADE

DEMISSÃO

212. DESPEDIMENTO E NEGATIVA DE PRESTAÇÃO DE SERVIÇOS. ÔNUS DA PROVA DO EMPREGADOR.

DEPÓSITO RECURSAL

128. DEPÓSITO RECURSAL. COMPLEMENTAÇÃO DEVIDA. 161. DEPÓSITO. CONDENAÇÃO A PAGAMENTO EM PECÚNIA. 217. DEPÓSITO RECURSAL. CREDENCIAMENTO BANCÁRIO. PROVA DISPENSÁVEL. 245. DEPÓSITO RECURSAL. PRAZO.

DIÁRIAS DE VIAGEM

101. DIÁRIAS DE VIAGEM. INTEGRAÇÃO AO SALÁRIO. 318. DIÁRIAS. BASE DE CÁLCULO PARA SUA INTEGRAÇÃO NO SALÁRIO.

DIFERENÇAS DE SALÁRIO. PLANOS ECONÔMICOS

315. IPC DE MARÇO/1990. LEI N. 8.030, DE 12.4.1990 (PLANO COLLOR). INEXISTÊNCIA DE DIREITO ADQUIRIDO. 322. DIFERENÇAS SALARIAIS. PLANOS ECONÔMICOS. LIMITAÇÃO ATÉ A DATA-BASE.

DIGITADOR

346. DIGITADOR. INTERVALOS INTRAJORNADA. APLICAÇÃO ANALÓGICA DO ART. 72 DA CLT.

DIRETOR ELEITO

269. DIRETOR ELEITO. NÃO CONTAGEM DO CÔMPUTO DO PERÍODO COMO TEMPO DE SERVIÇO. CONTRATO DE TRABALHO SUSPENSO.

DISTRIBUIDORAS E CORRETORAS

119. JORNADA DE TRABALHO. DISTRIBUIDORAS E CORRETORAS DE TÍTULOS E VALORES MOBILIÁRIOS.

DOCUMENTOS

8. JUNTADA DE DOCUMENTOS

EMBARGOS DE DECLARAÇÃO

184. EMBARGOS DECLARATÓRIOS. OMISSÃO EM RECURSO DE REVISTA. PRECLUSÃO. 278. EMBARGOS DE DECLARAÇÃO. OMISSÃO NO JULGADO. EFEITO MODIFICATIVO. 353. EMBARGOS. AGRAVO. CABIMENTO.

ESTATURÁRIO

243. ESTATUTÁRIO. OPÇÃO PELO REGIME TRABALHISTA. SUPRESSÃO DAS VANTAGENS ESTATUTÁRIAS.

EQUIPARAÇÃO SALARIAL

22. EQUIPARAÇÃO SALARIAL. 68. EQUIPARAÇÃO. PROVA DO EMPREGADOR. 111. EQUIPARAÇÃO SALARIAL. CESSÃO DE EMPREGADOS. 120. EQUIPARAÇÃO SALARIAL. DECISÃO JUDICIAL. IRRELEVÂNCIA. 135. SALÁRIO. EQUIPARAÇÃO. TEMPO DE SERVIÇO NA FUNÇÃO. 274. EQUIPARAÇÃO SALARIAL. PRESCRIÇÃO PARCIAL.

FALTAS AO SERVIÇO

89. FALTA AO SERVIÇO. AUSÊNCIAS LEGAIS. NÃO DEDUTÍVEIS DO PERÍODO DE FÉRIAS. 155. FALTA AO SERVIÇO. COMPARECIMENTO À JUSTIÇA DO TRABALHO. 282. FALTAS AO SERVIÇO. ABONO. SERVIÇO MÉDICO DA EMPRESA.

FAZENDA PÚBLICA

303. FAZENDA PÚBLICA. DUPLO GRAU DE JURISDIÇÃO. EXCEÇÕES.

FÉRIAS

7. FÉRIAS. INDENIZAÇÃO. 81. FÉRIAS. PAGAMENTO EM DOBRO. 171. FÉRIAS PROPORCIONAIS. EXTINÇÃO DO CONTRATO DE TRABALHO DE EMPREGADO COM MENOS DE UM ANO DE SERVIÇO. 261. FÉRIAS PROPORCIONAIS. PEDIDO DE DEMISSÃO. CONTRATO VIGENTE A MENOS DE UM ANO. 328. FÉRIAS. TERÇO CONSTITUCIONAL.

FERROVIÁRIO

61. FERROVIÁRIO DE ESTAÇÃO DO INTERIOR. NÃO TEM DIREITO A HORAS EXTRAS. 67. GRATIFICAÇÃO. FERROVIÁRIO CHEFE DE TREM. NÃO TEM DIREITO.

FINANCEIRAS

55. FINANCEIRAS. EQUIPARAM-SE AOS ESTABELECIMENTOS BANCÁRIOS.

FUNDO DE GARANTIA POR TEMPO DE SERVIÇO

63. FGTS. INCIDÊNCIA. REMUNERAÇÃO. 98. FGTS. INDENIZAÇÃO. EQUIVALÊNCIA. 176. FUNDO DE GARANTIA. LEVANTAMENTO DO DEPÓSITO. 206. FGTS. NÃO INCIDÊNCIA SOBRE PARCELAS PRESCRITAS. 305. FUNDO DE GARANTIA DO TEMPO DE SERVIÇO. INCIDÊNCIA SOBRE O AVISO PRÉVIO. 362. FGTS. PRESCRIÇÃO TRINTENÁRIA OBSERVADO O PRAZO DE DOIS ANOS APÓS O TÉRMINO DO CONTRATO.

GERENTE BANCÁRIO

287. JORNADA DE TRABALHO. GERENTE BANCÁRIO.

GESTANTE

244. GESTANTE. GARANTIA DE EMPREGO. PERÍODO DE ESTABILIDADE.

GORJETAS

354. GORJETAS. NATUREZA JURÍDICA. REPERCUSSÕES.

GRATIFICAÇÕES

50. GRATIFICAÇÃO NATALINA. DEVIDA PELA EMPRESA CESSIONÁRIA AO SERVIDOR PÚBLICO. 148. GRATIFICAÇÃO NATALINA. CÔMPUTO NO CÁLCULO DA INDENIZAÇÃO. 152. GRATIFICAÇÃO. AJUSTE TÁCITO. 157. GRATIFICAÇÃO NATALINA. DEVIDA NA RESILIÇÃO DE INICIATIVA DO EMPREGADO. 253. GRATIFICAÇÃO SEMESTRAL. REPERCUSSÕES. 202. GRATIFICAÇÃO POR TEMPO DE SERVIÇO. COMPENSAÇÃO. 203. GRATIFICAÇÃO POR TEMPO DE SERVIÇO. NATUREZA SALARIAL.

GREVE

189. GREVE. COMPETÊNCIA DA JUSTIÇA DO TRABALHO. ABUSIVIDADE.

GRUPO ECONÔMICO

129. CONTRATO DE TRABALHO. GRUPO ECONÔMICO.

HONORÁRIOS ADVOCATÍCIOS

219. HONORÁRIOS ADVOCATÍCIOS. HIPÓTESE DE CABIMENTO. 329. HONORÁRIOS ADVOCATÍCIOS. ART. 133 DA CF/1988.

HONORÁRIOS DO ASSISTÊNTE TÉCNICO

341. HONORÁRIOS DO ASSISTENTE TÉCNICO.

HORAS EXTRAS

24. SERVIÇO EXTRAORDINÁRIO INSERE-SE NO CÁLCULO DA INDENIZAÇÃO POR ANTIGUIDADE. 45 - SERVIÇO SUPLEMENTAR INTEGRA O CÁLCULO DA GRATIFICAÇÃO NATALINA. 115. HORAS EXTRAS. GRATIFICAÇÕES SEMESTRAIS. INTEGRAÇÃO. 264. HORA SUPLEMENTAR. CÁLCULO. 291. HORAS EXTRAS. SUPRESSÃO. INDENIZAÇÃO. CÁLCULO. 347. HORAS EXTRAS HABITUAIS. APURAÇÃO. MÉDIA FÍSICA.

HORAS EXTRAS *IN ITINERE*

90. TEMPO DE SERVIÇO. CONDUÇÃO FORNECIDA PELO EMPREGADOR. 320. HORAS *IN ITINERE*. OBRIGATORIEDADE DE CÔMPUTO NA JORNADA DE TRABALHO. 324. HORAS *IN ITINERE*. ENUNCIADO N. 90. INSUFICIÊNCIA DE TRANSPORTE PÚBLICO. 325. HORAS *IN ITINERE*. ENUNCIADO N. 90. REMUNERAÇÃO EM RELAÇÃO AO TRECHO NÃO SERVIDO POR TRANSPORTE PÚBLICO.

HORAS DE SOBREAVISO

229. SOBREAVISO. ELETRICIÁRIOS. APLICAÇÃO ANALÓGICA.

INDENIZAÇÃO

28. CONVERSÃO DA REINTEGRAÇÃO EM INDENIZAÇÃO. SALÁRIOS. 54. OPTANTE ESTÁVEL. INDENIZAÇÃO.

INDENIZAÇÃO ADICIONAL

182. CÔMPUTO DO AVISO PRÉVIO PARA EFEITO DE CÁLCULO DA INDENIZAÇÃO ADICIONAL. 242. INDENIZAÇÃO ADICIONAL. VALOR. INTEGRAÇÃO. 314. INDENIZAÇÃO ADICIONAL. VERBAS RESCISÓRIAS. SALÁRIO CORRIGIDO NÃO AFASTA O DIREITO À INDENIZAÇÃO ADICIONAL.

INTERVALOS

110. JORNADA DE TRABALHO. INTERVALO DE 11H00. REVEZAMENTO. HORAS EXTRAS. 118. JORNADA DE TRABALHO. INTERVALOS NÃO PREVISTOS EM LEI. HORAS EXTRAS.

JUIZ

136. JUIZ. IDENTIDADE FÍSICA. NÃO SE APLICA ÀS VARAS DO TRABALHO.

LICENÇA-PRÊMIO

186. LICENÇA-PRÊMIO. CONVERSÃO EM PECÚNIA.

MASSA FALIDA

86. MASSA FALIDA. DESERÇÃO. NÃO PAGAMENTO DE CUSTAS OU DEPÓSITO DA CONDENAÇÃO.

MANDADO DE SEGURANÇA

33. MANDADO DE SEGURANÇA. DECISÃO TRANSITADA EM JULGADO.

MARÍTIMO

96. MARÍTIMO. TEMPO À DISPOSIÇÃO.

MORA SALARIAL

13. MORA SALARIAL E RESCISÃO DO CONTRATO DE TRABALHO

NOTIFICAÇÃO

16. NOTIFICAÇÃO. PRESUNÇÃO DE RECEBIMENTO

PERICULOSIDADE

39. PERICULOSIDADE. BOMBA DE GASOLINA. 70. ADICIONAL DE PERICULOSIDADE. TRIÊNIOS DA PETROBRÁS.

PETIÇÃO INICIAL

263. PETIÇÃO INICIAL. INDEFERIMENTO. INSTRUÇÃO OBRIGATÓRIA DEFICIENTE. INTIMAÇÃO PARA SUPRIR A FALTA.

PIS

300. COMPETÊNCIA DA JUSTIÇA DO TRABALHO. CADASTRAMENTO NO PIS.

PODER NORMATIVA DO JUSTIÇA DO TRABALHO

190. PODER NORMATIVO DO TST. LIMITES. CONDIÇÕES DE TRABALHO. INCONSTITUCIONALIDADE. DECISÕES CONTRÁRIAS AO STF.

PRAZO JUDICIAL

1. PRAZO JUDICIAL. CONTAGEM. 30. INTIMAÇÃO DA SENTENÇA. PRAZO DE RECURSO. 197. PRAZO DE RECURSO. 262. PRAZO JUDICIAL. NOTIFICAÇÃO OU INTIMAÇÃO EM DIA DE SÁBADO.

PREQUESTIONAMENTO

297. PREQUESTIONAMENTO. OPORTUNIDADE. CONFIGURAÇÃO.

PRESCRIÇÃO

114. PRESCRIÇÃO INTERCORRENTE. INAPLICABILIDADE. 153. PRESCRIÇÃO. MOMENTO DE ARGÜIÇÃO. 156. PRESCRIÇÃO. INÍCIO DE FLUIÇÃO. 268. PRESCRIÇÃO. INTERRUPÇÃO. AÇÃO TRABALHISTA ARQUIVADA. 275. PRESCRIÇÃO PARCIAL. DESVIO DE FUNÇÃO. 294. PRESCRIÇÃO. ALTERAÇÃO CONTRATUAL. TRABALHADOR URBANO. 308. PRESCRIÇÃO QÜINQÜENAL. NORMA CONSTITUCIONAL AUTO-APLICÁVEL 326. PRESCRIÇÃO DOS PROVENTOS DE APOSENTADORIA. PARCELA NUNCA RECEBIDA. 350. PRESCRIÇÃO. TERMO INICIAL. AÇÃO DE CUMPRIMENTO. SENTENÇA NORMATIVA.

PREVIDÊNCIA PRIVADA

87. PREVIDÊNCIA PRIVADA. DEDUÇÃO DE BENEFÍCIO JÁ AUFERIDO.

PROFESSOR

10. PROFESSOR. SALÁRIO DO PERÍODO DE FÉRIAS. 351. PROFESSOR. REPOUSO SEMANAL REMUNERADO. ART. 7º, PARÁGRAFO 2º, DA LEI N. 605, DE 5.1.1949 E ART. 320 DA CLT.

PROCURAÇÃO

164. PROCURAÇÃO. NÃO JUNTADA. EFEITOS.

PUNIÇÃO AO EMPREGADO

77. PUNIÇÃO. NULIDADE. INOBSERVÂNCIA DE FORMALIDADES.

QUADRO DE CARREIRA

6. QUADRO DE CARREIRA. 19. QUADRO DE CARREIRA. COMPETÊNCIA DA JUSTIÇA DO TRABALHO. 127. QUADRO DE CARREIRA. PRETERIÇÃO, ENQUADRAMENTO. RECLASSIFICAÇÃO.

QUITAÇÃO.

330. QUITAÇÃO. VALIDADE.

RADIOLOGISTA

358. RADIOLOGISTA. SALÁRIO PROFISSIONAL. LEI N. 7.394, DE 29.10.1985.

READMISSÃO

138. READMISSÃO. TEMPO DE SERVIÇO ANTERIOR. CONTAGEM.

REAJUSTES SALARIAIS

319. REAJUSTES SALARIAIS ("GATILHOS"). APLICAÇÃO AOS SERVIDORES PÚBLICOS CONTRATADOS SOB A ÉGIDE DA LEGISLAÇÃO TRABALHISTA.

REGIME JURÍDICO

58. PESSOAL DE OBRAS. CELETISTA.

REGISTRO DE HORÁRIO

338. JORNADA. REGISTRO. ÔNUS DA PROVA DO EMPREGADOR. PRESUNÇÃO DE VERACIDADE.

RESCISÃO CONTRATUAL

69. RESCISÃO DO CONTRATO. REVELIA E CONFISSÃO DO EMPREGADOR. ACRÉSCIMO DE 50% SOBRE AS VERBAS RESCISÓRIAS.

RECURSO ADESIVO

283. RECURSO ADESIVO. CABÍVEL NO PROCESSO DO TRABALHO.

RECURSO CONTRA SENTENÇA NORMATIVA

279. RECURSO CONTRA SENTENÇA NORMATIVA. EFEITO SUSPENSIVO. CASSAÇÃO. EFEITOS.

RECURSO ORDINÁRIO EM MANDADO DE SEGURANÇA

201. RECURSO ORDINÁRIO EM MANDADO DE SEGURANÇA.

RECURSO DE EMBARGOS E REVISTA

23. RECURSO DE REVISTA. FUNDAMENTOS DIVERSOS. 126. RECURSO. EMBARGOS E REVISTA. NÃO CABE PARA REEXAME DE FATOS E PROVAS. 218. RECURSO DE REVISTA. ACÓRDÃO PROFERIDO EM AGRAVO DE INSTRUMENTO. INCABÍVEL. 221. RECURSO DE REVISTA OU DE EMBARGOS. INTERPRETAÇÃO RAZOÁVEL. ADMISSIBILIDADE VEDADA. 266. RECURSO DE REVISTA. ADMISSIBILIDADE. EXECUÇÃO DE SENTENÇA. 285. RECURSO DE REVISTA. ADMISSIBILIDADE PARCIAL PELO JUIZ-PRESIDENTE DO TRIBUNAL REGIONAL DO TRABALHO. EFEITO. 296. RECURSO. DIVERGÊNCIA JURISPRUDENCIAL. ESPECIFICIDADE. 333. RECURSO DE REVISTA E DE EMBARGOS. CONHECIMENTO. 337. RECURSOS DE REVISTA E DE EMBARGOS. COMPROVAÇÃO DE DIVERGÊNCIA JURISPRUDENCIAL.

REGULAMENTO DE EMPRESA

51. VANTAGENS REGULAMENTARES. INCORPORAÇÃO AO CONTRATO DE TRABALHO.

REPOUSO SEMANAL REMUNERADO

146. TRABALHO EM DOMINGOS E FERIADOS NÃO COMPENSADOS. PAGAMENTO EM DOBRO SEM PREJUÍZO DA REMUNERAÇÃO RELATI-

VA AO REPOUSO. 172. REPOUSO REMUNENADO. HORAS EXTRAS. CÁLCULO.

SALÁRIO

173. SALÁRIO. CESSAÇÃO DE ATIVIDADES DA EMPRESA.

SALÁRIO COMPLESSIVO

91. SALÁRIO COMPLESSIVO.

SALÁRIO-FAMÍLIA

254. SALÁRIO-FAMÍLIA. TERMO INICIAL DA OBRIGAÇÃO. 344. SALÁRIO-FAMÍLIA. TRABALHADOR RURAL.

SALÁRIO PROFISSIONAL

143. SALÁRIO PROFISSIONAL. MÉDICOS E DENTISTAS. PROPORCIONALIDADE À JORNADA DE TRABALHO.

SALÁRIO-UTILIDADE

258. SALÁRIO-UTILIDADE. PERCENTUAIS.

SENTENÇA NORMATIVA

277. SENTENÇA NORMATIVA. VIGÊNCIA. REPERCUSSÃO NOS CONTRATOS DE TRABALHO. NÃO INTEGRAÇÃO DEFINITIVA.

SINDICATO

286. SINDICATO. LEGITIMIDADE. SUBSTITUIÇÃO PROCESSUAL. CONVENÇÃO E ACORDO COLETIVOS.

SUBSTITUIÇÃO DE EMPREGADOS

159. SUBSTITUIÇÃO NÃO EVENTUAL. SALÁRIO DO SUBSTITUÍDO.

RESPOUSO SEMANAL REMUNERADO

225. REPOUSO SEMANAL. CÁLCULO. GRATIFICAÇÃO POR TEMPO DE SERVIÇO E PRODUTIVIDADE.

TAREFEIRO

149. TAREFEIRO. FÉRIAS.

TELEFONISTA

178. TELEFONISTA. ART. 227, E PARÁGRAFOS, DA CLT. APLICABILIDADE.

TESTEMUNHA

357. TESTEMUNHA. AÇÃO CONTRA A MESMA RECLAMADA. AUSÊNCIA DE SUSPEIÇÃO.

TRABALHO NOTURNO

112. TRABALHO NOTURNO. PETROLÉO. NÃO REDUÇÃO DA HORA NOTURNA.

TRANSFERÊNCIA

29. TRANSFERÊNCIA PARA LOCAL DISTANTE DA RESIDÊNCIA. 43. TRANSFERÊNCIA ABUSIVA.

TURNOS ININTERRUPTOS DE REVEZAMENTO

360. TURNOS ININTERRUPTOS DE REVEZAMENTO. INTERVALOS INTRAJORNADA E SEMANAL. IRRELEVÂNCIA.

REGULAMENTO DE EMPRESA

51. VANTAGENS REGULAMENTARES. INCORPORAÇÃO AO CONTRATO DE TRABALHO.

VIGIA

65. VIGIA. HORA NOTURNA REDUZIDA. 140. VIGIA. ADICIONAL NOTURNO DEVIDO. 257. VIGILANTE DE INSTITUIÇÃO BANCÁRIA. ENQUADRAMENTO. 309. VIGIA PORTUÁRIO. TERMINAL PRIVATIVO. NÃO OBRIGATORIEDADE DE REQUISIÇÃO.

Produção Gráfica e Editoração Eletrônica: **IMOS LASER**
Capa: **ELIANA C. COSTA**
Impressão: **BOOK**